KB160827

燕行의 문화사

景仁文化社

간행사

　실학박물관은 개관 이래 실학사상에 관한 자료의 수집·연구·교육 및 전시를 통해 조선후기 실사구시實事求是의 신 학풍 출현 배경과 그 내용을 이해하는 데 이바지하고, 나아가 실학이 추구한 개혁과 문명지향의 정신을 오늘과 새로운 시대를 위한 가치 모색의 동력으로 삼고자 힘써 왔습니다. 이러한 방향에 맞추어 상설 전시실에서는 실학의 형성과 전개, 실학과 과학 등 사상 전반을 체계 있게 보여주고 있으며, 해마다 두 차례의 특별기획 전시회를 개최하고 있습니다.

　아울러 전시회 주제를 널리 알리고 학술적인 성과를 축적하여 향후 박물관의 전시 교육에 활용하기 위해 해마다 실학 관련 주제를 선정하여 학술회의를 진행해 왔습니다. 2009년 10월 개관기념 국제학술회의를 시작으로 매년 특별 기획전시 개최에 즈음하여 관련 학회와 협력하여 학술회의를 기획하였습니다. 관련 연구자들의 새로운 논문과 토론은 실학 연구의 자산임과 동시에 '신실학新實學 운동'을 모색하고자 하는 박물관의 운영 방향에 충실한 사업이었습니다.

　이제 그간 진행되어 온 학술회의의 성과들을 주제별로 모아 단행본으로 묶어 내려 합니다. 앞으로 이 사업을 계속함으로써 조선후기 실학사상에 대한 이해와 해석, 그리고 새로운 생활적 사유와 문화 창조에 작으나마 보탬이 되기를 기대합니다.

『연행의 문화사』는 2010년 하반기 특별전 「연행燕行, 세계로 향하는 길」을 개최할 때 한국실학학회와 공동으로 기획한 학술회의 논문들을 수록하였습니다.

'연행'이란 조선 사신들의 중국방문을 말합니다. 명나라 때는 '조천朝天'이라 했으나, 청나라 때는 황제를 배알한다는 조천 대신 수도인 연경(북경)을 다녀온다는 연행이란 용어를 썼습니다.

병자호란(1637) 이후 2세기 반 동안 조선은 500회에 가까운 연행단을 파견했습니다. 이들은 외교사절일 뿐 아니라 경제·문화 교류의 창구 역할도 하였습니다. 이들이 경험한 수개월의 여정은 조선과 중국의 국토와 역사를 재인식하고 문화를 체험할 수 있는 루트였습니다. 서양의 과학과 서적, 천주교, 세계지도 등 서학西學도 이들을 통해 들어왔습니다. 조선의 지식인들은 연행을 통해 서서히 세계관의 변화와 새로운 자기발견의 계기를 가지게 된 것입니다. 18세기 사행使行에 참여했던 홍대용洪

大容, 박지원朴趾源, 박제가朴齊家 등 이용후생파利用厚生派 학자들은 북적이는 연경에서 세계를 접촉하고 문명의식을 깨쳐나갔던 대표적 개혁 지식인이었습니다. 바야흐로 실학은 '세계의 자아화'를 통하여 자아를 탐구하고 재인식하게 되었습니다.

　이 책은 이러한 연행의 과정을 주제로 한 5편의 글을 수록하고 있습니다. '동아시아의 상황과 연행록燕行錄', '연행무역', 생활사 측면에서 접근한 '연행 과정의 식생활'과 '연희演戱', 그리고 '풍윤豊潤 고려포촌高麗鋪村의 유래'가 그것입니다.

　연구총서의 발간을 계기로 관련 주제에 대한 학계와 일반인의 관심이 제고되기를 기대하며, 좋은 논문을 집필해 주신 필자 여러분과 토론자 여러분들께 깊은 감사의 말씀을 드립니다.

2012년 11월
경기문화재단 실학박물관장 김 시 업

차 례

17~19세기 동아시아 상황과
燕行 · 燕行錄

임형택 ㅣ 성균관대학교 명예교수

1. 朝天과 燕行

연행燕行이란 말은 근대 이전에 중국 주변의 국가들이 중국의 수도北京=燕京를 외교사절로 다녀오는 것을 지칭하는 일종의 역사용어로 쓰이게 되었다. 이렇게 된 데에는 경위가 있다.

당초 조선왕조시대에 대명외교對明外交을 '조천朝天'이라고 일컬었던 데 대해서 대청외교對淸外交을 '연행燕行'이라고 일컬었다. 관습적인 말이었다. 그리고 조천과 연행의 상관기록물이 수다히 산출되었던바 그 서명 역시 먼저는 '조천록朝天錄', 뒤에는 '연행록燕行錄'으로 붙여지는 사례가 많았다. 그런데 지난 1960년 성균관대학교 대동문화연구원에서 연행록 자료들을 수집, 편찬하면서 『연행록선집燕行錄選集』이라고 서명을 붙인 것이다. 연행·연행록이 보편적인 용어로 쓰이게 된 시초였다(『연행록선집』은 조천록朝天錄까지도 연행록燕行錄으로 포괄을 했음).

그 때 연행·연행록으로 지칭한 것은 조선과 중국의 관계에 한정되어 있었다. 조중朝中의 관계를 벗어나서는 관심이 닿지 않았기 때문이다. 근자에 조중 관계와 유사한 외교형태가 월남越南이나 유구琉球에서도 행해진 사실을 고려하게 됨으로 해서 연행이란 이 용어는 동아시아세계의 보편적인 역사용어로 떠올릴 수 있게 된 것이다.

조천朝天이란 상국上國의 황제=天子에게 조근朝覲하는 행위를 가리키는 말임이 물론이다. 이에 중국 측에서 오는 외교사절을 가리켜선 천사天使라고 일컬었다. 조천朝天이라고 부르던 말이 연행燕行으로 바뀌었다 해서 내포사실이 달라진 것은 아닐 터다. 명明에서 청淸으로 비록 중국의 주인이 바뀌긴 했지만 상국의 천자께 조근朝覲하는 행위 자체는 변화가 없었기 때문이다. 그러나 동일한 형태의 행위를 지칭하는 말이 달라진데 따른 의식의 변화가 있었을 것임은 말할 나위 없다. 그뿐만 아니라

의식의 변화가 발생한 데 따른 객관적 상황의 변화가 있었다. 이런 점들을 유의해야 할 것이다.

당시 연행은 그 자체가 외교행위이므로 정치적 의미가 일차적인 것임은 물론이다. 연행을 수용한 측의 입장 또한 마찬가지다. 그런데 그에 그치지 않고 연행의 의미는 다면적이고 종합적인 성격을 띠었던 것이다. 오늘날엔 경제교역이 국제관계에서 대단히 큰 비중을 차지하고 있지만, 연행에 있어서도 의미가 적지 않았다. 조근이 곧 조공朝貢을 뜻하듯 상호간의 물적 교류였을 뿐 아니라, 연행의 대열에는 으레 상인들이 끼어들어서 대상隊商의 성격도 내포하고 있었다. 그리고 문화적 교류의 측면을 들어볼 수 있다. 특히 이 측면에 의해 연행의 의미는 다양하게 확장이 되었던 것이 아닌가 한다.

중국의 수도는 동아시아세계에 있어서는 '문명의 중심'이기도 했다. 그 당시 조선의 처지로서는 중국이 문명학습의 장이었던 셈이다. 또한 17세기 이래 부단히 진행되어온 서세동점西勢東漸이란 신조류를 인지하는 창구 역시 조선의 지리적 조건 때문에 오로지 중국이었다. 세계에 소식을 통하고 대국大局의 정세를 살피는데 있어서는 연행이 그야말로 물실호기의 기회가 아닐 수 없었다. 아울러 유의할 점이 있다. 중국중심의 세계는 기본적으로 숭문주의崇文主義을 지향했던바 조선왕조 사회는 특히 더 숭문주의로 경도된 상태였다. 사절단의 편성에서도 인문적 교양을 우선시해서 비공식요원들까지 문인엘리트를 참여시킨 것이다. 연행의 과정에서 지식의 소통, 문화의 교류가 폭넓게 이루어졌을 뿐 아니라, 양국 지식인들 사이에 직접적 만남으로 대화가 열리게 된 것이다. 요컨대 연행은 정치적·경제적 측면까지 포괄하여 전체를 '문화행사'로 간주할 수 있다. 그래서 이번 한국실학학회는 연행을 기획주제로 잡으면서 '연행의 문화사'라고 표제한 것이다.

2. 동아시아의 17~19세기

중국과 그 주변의 국가들 사이를 책봉冊封 - 조공朝貢으로 연계하는 방식은 저 아득한 옛날 황하유역에서 발생했던 서주西周의 봉건제를 동심원적으로 확대한 형태이다. 기실은 유교적인 가부장제의 윤리질서에 근거한 것이었다. 하늘에 해는 하루라도 없을 수 없지만 둘이 있어도 안되듯 집에는 어른이, 세계에는 천자가 없을 수 없고 둘이 있어서도 안되는 법이다. 이에 대일통大一統과 정통론正統論이 성립하게 된 것이다.

물론 책봉 - 조공으로 구성된 체제는 현실적인 힘의 논리에 의해서 뒤바뀌는 사태가 역사상에 종종 일어났다. 주변의 이적夷狄이 쳐들어와서 중국의 주인으로 올라선 경우도 있었다. 아무리 그래도 천하에는 임금이 없을 수 없으므로, 새로 등장한 황제를 중심으로 한 체제로서 재편되기 마련이다. 그래서 책봉 - 조공의 관계로 구성된 대일통의 체제는 영속성을 지녔던 것이다.

그런데 이 책봉 - 조공체제의 영속성은 19세기말까지였다. 서구주도의 지구적인 세계체제에 동아시아가 흡수당함으로서 중국중심의 체제는 붕궤되기에 이른 때문이다. 수천 년을 존속해왔던 동아시아세계는 역사상에서 영구히 막을 내린 것이다. 연행 또한 함께 종식되고 말았다.

조공체제가 막을 내리는 19세기 말엽으로 가는 도정에서 17세기를 하나의 전환점으로 잡아볼 수 있다. 19세기로 직진하는 코스로 들어선 꼴이었다. 17세기 초에 일본열도에서 에도시대가 개시되었고 그 중반으로 접어들자 대륙에서 명청明淸의 교체가 일어났다. 앞서 16세기 말에는 일본이 한반도를 침공하고 명明이 대규모의 원군을 파견해서 벌어진 7년전쟁은 이후 전개된 동아시아 상황의 서막이 되었던 셈이다. 아울러 유의할 점은 이 7년전쟁에 서구문명이 개발한 무기가 도입되어 전세에 적잖은 영향을 미쳤던 사실이다. 서세동점이란 전지구적 움직임이 동아시아에 진출한 것은 16세기 중엽부터로 17세기로 내려오면 움직임이 더욱 활발해졌고 그 영향 또한 차츰 확대되어 나타났다.

17~19세기는 중국중심세계의 장구한 역사에서 끝자락에 해당하고 있다. 동아시아 역사에서 이 단계를 어떻게 규정지을 것인가? 곧 조선의 연행이 어떤 역사상황에서 행해졌던가에 관한 물음이다.

나는 이 시기 동아시아세계를 '흔들린 조공질서'로 설명해 왔다.[1] 당시 상황을 규정한 주요변수로서 두 측면이 있었다. 하나는 청황제 체제의 등장이며, 다른 하나는 파고를 높여서 지속적으로 밀려왔던 서세의 물결이다.

만주족의 청이 한족의 명을 밀어내고 세계의 주인으로 들어선 사태는 참으로 경악할 일이었다. 존왕양이尊王攘夷라는 명분론에 비추어 결코 있을 수 없는 일이 일어나고만 것이다. 일본인들까지도 '화이변태華夷變態'로 의식하고 그 귀추를 예의주시했다. 중국의 뜻있는 지식인들은 '하늘이 무너지고 땅이 꺼지는天崩地解' 절망감에 문명적 위기의식을 갖지 않을 수 없었다. 조선의 지식인들 역시 엄청난 충격이고 헤나기 어려운 고뇌였다. 더구나 조선은 남한산성의 국치를 당했으니 반청反淸의 감정이 끓어올랐던 것도 당연했다.

조선의 집권세력은 내부의 이런 정신상황을 고려해서 숭명반청崇明反淸을 체제 이데올로기를 들고 나온 것이다. 청의 지배체제를 부정하고 보면 '북벌北伐'은 논리의 필연적 귀결처이다. 이미 상실한 '중화의 도'를 복원할 중심으로서 조선을 사고하고 보니 '중화'는 다른 어디가 아니고 조선에 있었다. 소위 '조선 중화주의'이다. 이는 '탈중국적 중국중심주의'

---

1) 필자는 (2005), 「19세기말 20세기 초 동아시아, 세계관적 전환과 지식인의 동아시아 인식」『大東文化研究』제50집에서 '흔들린 조공질서'란 개념을 도입한 이후 (2009), 『문명의식과 실학』, 돌베개; (2009), 「17~19세기 동아시아, 한·중·일간의 지식교류의 양상-'이성적 대화'의 열림을 주목해서」, 『大東文化研究』제68집 등에서 계속 논의를 이어왔다. 이 시대(17~19세기)의 역사와 사상·문화를 읽는데 긴요한 개념이라고 나 자신 생각한 때문임이 물론이다.

라고 하겠다. 그런데 '조선 중화주의'는 청황제 체제가 수립한 중화주의
와도 역설적으로 통하는 것이었다.

청황제의 중국지배는 이내 안정을 기하고 종래의 조공체제 또한 복
원이 되었다. 이것이 역사의 실제 방향이었다. 조선도 현실적으로는 청
조에 대해 사대외교를 전과 다름없이 이행했음이 물론이다. 청의 옹정
제雍正帝이 '천하일통'을 다른 어떤 시대보다도 광역으로 이루었음을 자
랑하면서 '화이일가華夷一家'를 선언한 것이다. 여기서 중화는 인종에 귀
속되지 않는 개념으로 탈바꿈이 되었다. 이 '만청 중화주의'는 말하자면
'탈한족적 중화주의'임에 대해서 '조선 중화주의'는 '탈한족적 · 탈중국적
중화주의'인 셈이다. 우리가 분명히 해두어야 할 바 만청의 '탈한족적 중
화주의'는 말할 것도 없지만 '조선 중화주의' 역시 중화주의로부터 탈피
한 것은 아니라는 사실이다. 오히려 중화주의에 몹시 집착한 형태라고
보아야지 맞다.[2)]

2) 중국에 청제국이 들어선 이래 조선에서 일어난 '조선 중화주의'에 대해서
그 성격을 어떻게 규정하고 평가할 것인가는 하나의 논쟁적 주제이다. 한국
학계의 일각에서 '진정한 중화'는 중국에 있지 않고 조선에 있다는 의식을
평가하여 민족주의적 의미를 부여하려는 논리가 제출된 바 있다. 이에 대한
필자의 관점은 '조선 중화주의'를 崇明反淸과 불리해서 생각할 수 없다는
것이다. '조선 중화주의'는 어디까지나 '정통의 명'을 위해서 滿淸을 '중화'
의 자격이 없다고 부정하는 것이다. 즉 그것은 탈중화주의라기 보다 도리어
중화주의의 관념적 허구에 철저히 포획된 정신상태. 또한 그것은 체제유
지를 위한 이데올로기의 산물임을 간과해서는 안 될 것이다.
중국학계에서 葛兆光 교수는 (2005), 「從'朝天'到'燕行' - 17世紀中葉後東亞文
化共同體的解體」『中華文史論叢』總第81輯; (2008), 「'明朝後無中國' - 再談
17世紀以來中國 · 朝鮮 · 日本的相互認識」『東亞文化交涉研究』別冊 第1號
등 주목이 되는 논문을 발표했다. 논문의 제목이 간명하게 표출하고 있듯
청조가 성립한 17세기 중엽 이래 중국중심적 동아시아세계는 해체 상태에
이른 것으로 판단하고 있다. '명조 이후 중국은 없다'는 것이다. 그 중요한
논거의 하나는 바로 청조를 중화의 정통으로 인정하지 않는 당시 조선인들
의 의식이다. 필자는 당시 동아시아 상황을 '문화공동체의 해체'로 판단하
는 葛 교수의 견해에 문제점이 있다고 본다. '동아문화공동체'란 중국중심

동아시아세계가 명청교체로 인해서 크게 동요했음은 말할 나위 없는 사실이다. 그 충격파는 중국과 조선의 지식인들에게 사상적 각성의 계기가 되었으며, 위에서 주목한 조천에서 연행으로 용어가 바뀌는 계기가 바로 여기에 있었다. 하지만 명청교체가 조공체제 자체에 어떤 근본적인 변화를 초래한 것은 아니었다. 청중심의 조공체제로 복원되어 그 체제는 2백 년 이상을 존속하지 않았던가. 그런데 바깥에서 동아시아세계로 진입하여 운동을 시작한 서세는 이와는 문제의 차원이 달랐다.

서세의 출현 그 자체가 중국중심주의의 이론적 기반을 무너뜨린 의미를 갖는다. 중국중심의 천하관은 천원지방天圓地方의 이론에 입각하고 있거니와, 둥근 지구를 돌아서 온 서세의 존재는 벌써 천원지방이 실상에 어긋난 오류임을 확실히 입증한 셈이다. 마테오 리치는 『만국곤여전도萬國坤輿全圖』를 그려서 지리적으로 확인을 시켰으며, 로드리게스는 "지구로 논하면 나라마다 중심이 될 수 있다"고 설파해서 중국중심의 관념이 허구임을 일깨우기도 했다. 서세의 출현으로 중국중심의 체제에는 치유될 수 없는 균열이 이미 발생한 것이다. 하지만 인간의 관념은 한번

세계에 다름 아닌데 만청의 등장이 심각한 충격이고 정신적 질곡의 요인이 되었음은 사실이다. 그렇다 해서 '동아문화공체의 해체'로 간주하는 것은 사태에 대한 과장 내지 오판으로 여겨진다. 비록 '명조 이후 중국은 없다' 해도 '명조의 중국'은 조선인의 관념 속에서, 또 관념이 낳은 조선의 현실에서 영원한 존재였다. 다시 말하면 '청의 중국'이 없는 것이지 '명의 중국'(=전통적 중국=문화공동체의 중국)이 없는 것은 아니었다. 뿐 아니고, 조선사회 내부에서 숭명반청 – 조선 중화주의 – 北伐의 허위성과 폐쇄성의 문제점을 통렬히 비판한 지식인들이 출현했고, 나아가서는 '청의 중국'에 현실주의적으로 대응하여 교류를 확대하고 선진문물을 적극 수용하려는 움직임이 확대되고 있었다. 이런 엄연한 사실들이 葛 교수의 논지에는 간과되고 있는 것이다. 물론 17세기 이후의 동아시아 상황은 안정상태가 아니고 체제적 동요가 발전하는 국면이었다. 본고의 기본논지이기도 하다. 또한 동아시아세계의 해체를 논하자면 세계사적 관점에서 서세동점의 추세를 응당 살펴야 할 것이며, 마지막 해체로 가기까지 단계적 인식이 필요할 텐데 이런 측면들을 葛 교수는 고려하고 있지 않은 것 같다.

굳어지면 실제로 분명하고 논리적으로 입증이 된다 해서 곧장 바뀌는 것은 아니다. 청국은 새로 나타나서 문을 두드리고 교역을 요구하는 서양 제국들에 대해 조공외교의 틀을 적용시키기를 고집했던 것이다.

그런데 서양제국이 조공외교의 방식에 맞춰 들어오기는 어려운 노릇이었다. '둥근 자루를 모난 구멍에 박아 넣기'처럼 어긋날 밖에 없었다. 건륭제乾隆帝) 때 영국여왕의 외교사절로 특파된 메카트니 경(Lord G. Macartney)이 의전문제로 다투다가 국서도 전달하지 못하고 돌아갔던 것은 유명한 일화이다. 결국에 중국은 아편전쟁에서 무릎을 꿇고 나서 영국과 치욕적으로 국교를 맺게 되었다. 이어 동아시아의 국가들이 서양제국의 강압에 의해서 개항을 하거나 식민화되면서 중국중심세계의 조공체제는 지구상에서 소멸된 것이다.

17~19세기 동아시아세계에 있어서 조공질서의 흔들림은 주요인이 외풍에 있었지만 그 현상이 동아시아 내부에서는 일본에서 가장 뚜렷했다. 앞서 언급한 7년전쟁은 중국중심의 세계질서에 대한 도전이었으니 이후로 중일 간에 조공관계의 복원이란 있을 수 없는 일이 되었다. 일본은 중국중심의 체제로부터 이탈한 모양이다. 이 사태를 어떻게 해석해야 할 것인가? 일본 측의 견해지만 17세기 이후 동아시아를 중국과 일본의 대립구도로 보기도 한다. 이 설은 중국중심적 조공체제가 해체 상태임을 전제할 때에 성립하는 것이다. 과연 그렇게 볼 수 있을까?

일본의 입장에서 보면 에도시대 일본은 다분히 '탈중국중심적'이었다고 말할 수 있다. 그러나 문화적인 측면에서도 그렇다고 할 수 있을까? '조공질서의 흔들림'이 아직은 한자문명권의 해체로까지 진행하지 않았으며, 에도시대의 일본은 당시 조선과 마찬가지로 한자문화의 세계에 소속했음이 분명하다. 일본의 경우 본디 중국 중심의 체제에서 아주 느슨한 고리였다는 점을 또한 유의할 필요가 있다. 일본은 서세동점의 전 지구적 변화의 물결을 타고 조공질서를 흔드는 역할을 앞장서 수행했던 셈이다. 그러나 비록 조공체제가 심히 흔들리면서도 아직 해체단계에 이르지는 않았다. 이런 상황에서 조선은 일본에 통신사를 계속 파견하여 '사대교린'이라는 동아시아세계의 전통적인 국제관계를 지속시킨 것이다. 일본 또한 조선과의 통신사 외교를 통해서 조공체제에 간접으로 참여한 형국이다.3)

3. '흔들린 조공질서'하의 연행

累洽重熙四海春, 皇淸職貢萬方均.
書文車軌誰能外, 方趾圓顱莫不親.

『황청직공도皇淸職貢圖』란 책에 첫머리를 장식한 건륭제의 자작시 전반부다. 『황청직공도』란 책은 건륭제 치세에 만국이 내조한 상황을 글과 그림으로 과시한 내용이다. 위 시구는 대강 뜻을 풀이하자면 이런 말이 된다. "우순풍조하니 사해가 봄이거늘, 위대한 청제국 만방이 고루 조공을 왔도다. [서書]동문同文 · [거車]동궤同軌의 세계 바깥에 무엇이 있을소냐! 모든 인류가 빠짐없이 친화하누나." 청조가 천하일통을 이룩함에 역내는 물론 내외의 모든 인종과 국가들이 빠짐없이 내공하여 직공도의 굉장한 화폭이 그려지게 되었다는 의미이다. 청조의 위엄과 덕화를 자랑하는 내용이지만 나름으로 세계평화라는 인류적 이상을 표현하고 있다고 하겠다. 위에서 '동문 · 동궤의 세계'란 한자를 공용하고 중국적인 제도를 수용한 문화적 공동체를 의미하는 관용어이다. 그런데 한자를 공유하고 중국적인 제도를 수용한 나라가 직공도職貢圖에 그려진 국가들에서 정작 몇이나 될까? 기껏 안남국安南國 · 유구국琉球國 · 조선국朝鮮國이 거기에 해당되지 않을까 한다. 일본국은 앞서 말한 대로 문화적 공동체에 소속한다고 볼 수 있으나 직공의 대열에는 참여하기를 거부해 '반

---

3) 임형택, 「17~19세기 동아시아, 한 · 중 · 일간의 지식교류의 양상 – '이성적 대화'의 열림을 주목해서」 『大東文化硏究』 제68집, 12~13면.

복무상叛服無常'으로 폄훼되고 있는 것이다.[4] 하긴 일본국은 명초에 일시 조공을 오고는 길을 계속 끊었던 터이니 청조로 와서 비로소 그런 것도 아니었다. '동문·동궤'를 문자 그대로 적용해 보면 중국중심의 세계는 허상虛像에 가까워 보인다. 청대로 와서만 아니고, 본디부터 허상이거나 아니면 다분히 과장된 모습이었다. 그렇다 해서 조공질서의 체제가 픽션이라거나 역사상에 실재하지 않았다고는 말할 수 없는 것이다. 그런 그대로 중국을 중심으로 한 세계는 조공질서의 체제가 자족적인 형태로서 항구성을 유지하고 있었다. 그런 자체를 그 특성이라고 규정지어도 좋을 것이다.

'서동문書同文'의 한자세계로는 방금 거명한 안남국(베트남)·유구국·조선국 및 일본국이 손꼽힌다. 지금 말하는 동아시아와 일치하는 것이다. 17~19세기에 이들 국가들이 어떤 상황이었던가를 돌아보면, 유구국의 경우는 1609년에 일본의 사쓰마번薩摩藩에 공략을 당해 복속상태에 놓여 있으면서 중국과의 전통적인 관계를 지속하고 있었다. 양속관계라고 일컫는 것이다. 그러다가 1879년 일본에 병합을 당하여 지금처럼 오키나와현冲繩縣이 된 것이다. 안남국의 경우 19세기로 와서 완조阮朝이 국력을 신장하여 메콩델타 지역을 장악, 통일국가를 이루게 되지만 불란서의 침략으로 19세기 중반에 식민화의 길로 빠져들었다.

청국 또한 아편전쟁에 패전한 이후 서양이 주도하는 만국공법萬國公法의 질서를 수용하지 않을 수 없는 처지였다. 이렇듯 동아시아세계는 19세기가 진행되면서 급속히 분해과정에 들어선 모양이었다. 이런 상태에서도 중국과 주변국 사이의 전통적인 조공관계는 마지막 파단에 이르는 시점까지 존속되고 있었다.

이 대목에서 다시 조선과 중국의 관계로 돌아가 보자. 조선국은 조공질서의 세계에서 대단히 특별한 위치에 놓여 있었다. 무엇보다도 양국

---

4) 『皇淸職貢圖·日本國』; "明洪武初, 常表貢方物, 而夷性狡黠, 時表括沿海州縣, 反服無常. … 亦習中國文字, 讀以土音."

사이에 오고 간 사행의 회수가 분명히 증언하는 사실이다. 『황청직공도』
에 오른 인종과 나라들이 중국 역내와 역외에 걸쳐 수도 많으며, 그 수
를 세기도 애매한 부분이 있다. 대개 조공을 5년에 1회, 2년에 1회 정도
로 규정되어 있고 매년 1회 오는 경우는 아주 드물다. 그런데 조선에서
청으로 파견한 사절단은 총 478회(兼行을 셈하지 않은 수치)이고 청에서 조선
으로 온 사절단은 168회로 헤아린다. 중국주변의 다른 어느 나라와도 비
교할 수 없을 만큼 월등히 많은 수치이다. 조공의 행렬에서 조선은 언제
고 선두에 위치했으니 『황청직공도』의 맨 앞에 그려진 것은 조선이었다.
한편으로 명대의 시를 총 정리한 『명시종明詩綜』이란 책을 보면 맨 끝에
역외域外의 한시작품도 수록하고 있다.5) 여기서 조선편은 물론 순서도
앞이며, 수록 편수가 비교도 할 수 없는 정도로 월등히 많다. 청대에만
그랬던 것이 아니고 명대, 원대로 소급해 볼 수 있는 현상이었다. 중국
중심의 세계에서 조선은 외교적으로 가장 친밀하고 문화적으로 우수한
국가로 인정받았다고 단언해도 좋을 것이다. 조선을 '소중화小中華' 혹은
'예의지방禮義之邦'이라고 일컬었던 것은 주로 이 때문이다. 이런 현상을
두고 근대 이전에는 큰 자랑으로 삼았지만 근대 이후로 와서는 별로 내
세우고 싶어 하지 않거나 심지어 혐오스럽게까지 여겼던 대목이다. 이
사실은 일단 객관적으로 인식하되, 그 의미 또한 여러 방면에서 깊고 열
린 식견을 가지고 살펴볼 필요가 있다는 것이 필자의 생각이다.

　지금 이 자리에서는 17~19세기의 '흔들린 조공질서'하에서 지속된 연
행에 조선 지식인들이 어떤 자세로 임했던가를 간략히 거론해 본다. 연
행·연행록을 고찰하기 위한 서설이 되었으면 한다.

　조선의 연행에 있어서 획기적인 시점은 1636년의 청조 성립이다. 연

---

5) 『明詩綜』은 청대에 朱彛尊이 편찬한 것으로 100권에 이르는 방대한 문헌이
다. 이 책의 권95에 屬國部를 두어 역외의 한시를 수록한 것이다. 高麗와 朝
鮮의 한시를 작가별 연대순으로 정리해서 수록한 것이 95권의 대부분을 차
지하고 있다. 말미에 安南 7수, 占城(참파) 2수, 日本 4수가 붙여진 정도이
다. 이 권의 첫머리에 "高麗文敎 遠勝他邦"이라는 언급이 보인다.

행의 상대국이 명에서 청으로 바뀐 시점이다. 이 시점으로 넘어오기 직전 단계에서 조선은 심하전深河戰 파병(1619년), 정묘호란(1627년), 병자호란(1636년)으로 이어진 전란을 겪었다. 이 과정에서 명과의 전통적인 외교를 계속하기 위해 해로연행이라는 특수한 상황이 벌어지기도 했다. 연행의 역사에서 특기할 시간대로서 이때에도 연행록들은 씌어졌다.

어쨌건 1636년 이래 조중 관계는 새로운 단계로 진입한 것이다. 실상 그 이후 200년은 조중 관계가 다른 어느 시기보다도 안정적으로 활발한 교류가 이루어진 시간대다. 조선 사람들은 정신적으로 청을 부정하면서 현실적으로 청과 친밀히 교류했다. 안으로 숭명반청崇明反淸을 외치면서도 밖으로 청과의 사대 관계를 부지런히 수행하다니 그야말로 자가당착이 아닐 수 없다. 이 단계의 연행은 정신적 질곡상태에서 행해진 것이다. 그 질곡의 실상은 어떠했고 그 질곡을 어떻게 극복해 갔던가?

　　청인들이 중국 땅에 들어가 주인이 된 이후로 선왕(先王)이 마련한 문물제도는 온통 변하여 야만으로 바뀌었으되, 압록강을 경계로 수 천리 동국의 땅만은 홀로 선왕의 제도를 지키고 있다. 이야말로 압록강 동쪽에 아직 명나라가 존재함을 밝힌 것이다. 비록 국력이 부족해서 오랑캐를 축출하고 중원을 숙청하여 선왕의 훌륭한 제도를 회복하지는 못하지만, 모두 숭정(崇禎)의 연호를 받들어 쓰는 것은 '중국'을 보존하려는 뜻이다(『熱河日記·渡江錄』).

『열하일기』의 첫 들머리에 실린 말이다. 『열하일기』는 표제와 같이 일기의 형식이다. 그러므로 당연히 연월일을 써야 하는 바 명의 마지막 연호인 숭정崇禎으로 기년紀年해서 "후삼경자後三庚子"라고 시작한 데 대해 해명하는 내용이다. 조선 사람의 마음에 청은 야만이며, 결코 '중국'이 될 수 없다. 따라서 중국=명을 회복하자면 북벌이 필수의 과업인데 역부족이기 때문에 실시하지는 못하지만 그 대신 마음속의 중국을 보존하려는 취지로 숭정이란 연호를 계속 사용하고 있다는 것이다. 위의 문면으로만 보면 대륙에는 중국이 없다. 서술 주체인 박지원의 사고가 바로 이렇다고 말할 수 있을까?

나는 『열하일기』의 서술 주체가 글쓰기의 고도의 전술로서 이 대목을 첫 머리에 올려놓은 것이라고 보고 있다. 『열하일기』는 발표되었던 당시에 '오랑캐 연호를 쓴 글虜號之稿'이라는 비난을 받기까지 했다. 이 대목은 『열하일기』를 삐딱하게 여기는 시선을 의식해서 의도적으로 적어 넣은 것이라고 볼 수 있다. 방어막인 셈이다. 그런 한편에 숭명반청崇明反淸의 이데올로기가 조출한 실상을 선명하게 드러내 이념적 질곡을 은연중에 느끼도록 한 것으로도 읽혀진다. 『열하일기』 전체의 문제의식을 첫머리에 역설적인 논법으로 던져놓은 것이 아닌가 싶기도 하다.

『열하일기』를 쭉 읽어보면 청조 지배하의 중국을 부정하고 야만시하는 우리 쪽의 관념과 태도가 얼마나 터무니없고 잘못된 것이며, 자기 발전을 저해하는 요소인가를 지적하고 일깨우는 언표와 논리가 전면에 깔려 있음을 곧 알 수 있다. "지금 청나라가 겨우 4대밖에 되지 않으나 문치무비文治武備가 썩 훌륭하니 … 이 또한 하늘이 보낸 명리命吏가 아닌가도 싶다."(『關內程史 · 虎叱跋』)고 청조 전반기 황제들의 치적을 대단히 평가하는 한편, 숭명반청의 논리를 두고서는 "공담존양空談尊攘"(『口外異聞 · 羅約國書』)이라고 매도하기도 한 것이다.

『열하일기』는 요컨대 청황제 체제하의 중국에 대한 조선 사람들의 이념적 질곡을 제거하려는데 주지가 있었다. 그리하여 북벌론을 북학론으로 대치한 것이다. 북학의 본뜻은 주변부의 처지에서 선진문화를 배우자는 의미이다. 조선의 입장에서 청의 선진문물을 배우고 받아들이는 것이 긴히 요망된다. 그렇다 해서 중화주의로 복귀하자는 뜻은 전혀 아니었다. 거기에는 중대한 사상사적 전환의 의미가 있다. 『열하일기』에서 제창한 북학론은 자아의 각성에 따른 주체의식이 전제되어 있는 것이다. 화이지분華夷之分이란 이념의 틀은 인간세상의 편견일 뿐, 하늘의 공평한

안목으로 보면 그런 차등이 있을 수 없다고 천명한다. 『열하일기』와 쌍
벽으로 일컬어지는 『담헌연기湛軒燕記』의 저자 홍대용 또한 지체땅덩이
은 둥글며, 둥근 지체가 하늘을 돈다는 과학적 우주관에 입각해서 화이
론의 '내외지분內外之分'을 상대적인 것으로 주장하여, 유명한 '역외춘추
론域外春秋論'을 제기한다. 숭명반청-'조선 중화주의'의 극복 과정은 사
상의 자유를 지향한 이론 투쟁의 과정이기도 했다.

　홍대용 · 박지원의 18세기를 지나 정약용 · 김정희의 19세기로 내려오
면 대청 관계가 이념적 질곡에 의한 고질적인 정신 장애로부터 탈피한
모습을 보여준다. 정약용의 경우 자신이 연행할 기회를 얻지 못했으나
『사대고례事大考例』라는 대청 외교를 정상적으로 발전시키기 위한 저술
을 하였으며,6) 김정희의 경우 청조의 일류 지식인들과 폭넓게 친교하고
중국 학계와 호흡을 같이 하여, 실사구시의 학을 선도한 것이다.

　19세기로 와서 '연행의 문화사'는 정상에 오른 것으로 보인다. 나는
이 시점에서 조중의 지식인들 사이에 직접적인 만남이 활발하게 이루어
지고 이를 통한 지식의 소통이 확대되었던 사실을 주목하고 있다. 이런
과정에서 국경과 인종을 넘어선 우정이 싹트고 '이성적 대화'의 길이 열
리고 있었다.7)

---

6) 임형택(2008), 「『事大考例』와 정약용의 對淸關係 인식」, 『茶山學』 12호.
7) 동아시아 국가들 사이에서 지식인들 간의 '이성적 대화'가 싹트는 문제에
　필자가 처음 착안한 것은 「실학자들의 일본관과 실학」((1996), 『한국의
　경학과 한문학』; (2000), 『실사구시의 한국학』 재수록)에서다. 그 후 (2009),
　「17~19세기 동아시아, 한 · 중 · 일간의 지식교류의 양상-'이성적 대화'
　의 열림을 주목해서」 『大東文化硏究』 제68집에서 좀 더 구체적으로 논의
　를 전개했으며, 따로 또 제9회 동아시아출판인회의 전주대회(2009.10.29) 석
　상에서 「동아시아 지식교류의 역사를 돌아본다」는 제목의 강연을 통해, '이
　성적 대화'의 역사성과 현재성을 거론한 바 있다. '이성적 대화'는 동아시아
　의 전통적인 체제가 동요하는 역사상황에서 열리긴 했으나 오늘에 이르도
　록 여러 장애요인 때문에 제대로 발전할 수 없었다. 이런 사실에 유의하면
　서 동아시아인과 동아시아국가들의 진정한 우호와 연대를 위해 '이성적 대
　화'는 무엇보다도 중시해야할 것으로 여긴 것이다.

본 단원은 '흔들린 조공질서'하의 연행을 통관해 보기 위해 설정했다. 이상의 소략한 논의를 정리하는 취지에서 17~19세기 연행의 역사를 소시기로 구분지어 보는 견해를 여기에 제시해 둔다.

> 제1기 명청 교체기, 해로사행
> 제2기 반청 의식에 사로잡힌 시기
> 제3기 실학적 각성의 시기
> 제4기 조공체제의 해체기

제1기에서 제2기의 사이는 1636년으로 구획선이 분명하며, 마지막 종결시점 또한 청일전쟁이 일본의 승전으로 돌아간 1894년으로 잡힌다. 그런데 제3기 '실학적 각성의 시기'의 출발점과 종착점을 딱히 언제부터 언제까지라고 말하기 어렵다. 문제의 성격상 모호할 밖에 없기 때문이다. 제3기는 한국 학술사에서 설정하는 실학시대와 대략 일치한다고 본다. 연행록의 성과 또한 이 시기에서 정점에 도달한 것이다. 즉 영·정조 시기에 해당하는바 그 앞에서도 반성적·비판적 안목을 더러 찾아볼 수 있으며, 뒤로는 실학이 그렇듯 19세기로 이어지고 있었다. 제4기 조공체제의 해체현상은 19세기 중반으로 들어서면서 뚜렷하게 되는데 일본과의 통신사외교의 마지막이 된 1811년은 사대교린이란 외교의 틀이 깨졌다는 면에서 조공체제 해체의 중요한 징표이며, 중국이 아편전쟁의 패전으로 인해 영국과 맺게 된 남경조약南京條約의 1842년에 이르러 그 결정적 국면에 들어선 것으로 말할 수 있다.

4. 조선의 燕行錄

연행록이란 연행에 직접 참여한 인사들이 연행과정에서의 견문 및 감회, 의론 등을 기록한 문건을 지칭하는 것임이 물론이다. 공적인 보고의 형식으로 작성된 문서도 응당 있었겠으나 조선에서 연행록이라고 하면 대개 사적인 성격의 저술들을 지칭하고 있다. 그런 만큼 기록자의 개성적 안목과 창작적 역량이 발휘될 가능성이 컸을 것으로 여겨진다.

조선의 연행록류는 이루 다 헤아리기 어려울 정도로 품종이 많고 분량 또한 한우충동汗牛充棟으로도 채우기 힘겨울 지경이다 최초로 대동문화연구원에서 수집, 간행한 『연행록선집燕行錄選集』에는 총 20종이 수록되어 있다. 다음 임기중 교수에 의해서 편찬된 『연행록전집』은 380종의 자료를 100책에 망라한 거질이었다(이 380종 속에는 『연행록선집』에 수록되었던 20종도 포함되어 있음). 그리고 최근에 대동문화연구원에서 『연행록선집보유燕行錄選集補遺』를 편찬한 바, 20종의 신 자료를 발굴, 소개한 것이다. 현재 학계에서 파악된 연행록류는 대략 400종이 된다. 아직도 어딘가에 파묻혀 있는 것이 없지 않을 터이니, 앞으로 더 발굴될 여지가 있다고 보아야 할 것이다.

연행록은 조공체제의 동아시아세계에서 국제적 교류의 산물이다. 이러한 그 자체의 성격이 곧 그것의 특별한 문헌적 가치이기도 하다. 연행록류에 국제적 관심이 근래 와서 상승하고 있다. 우리의 연행록류는 민족문화의 특이하고도 소중한 부분임이 물론이지만, 동아시아적 차원에서 공유하고 연구해야 할 대상임을 아울러 염두에 둘 필요가 있다. 이제 연행록이란 문헌이 한국의 고전으로서 갖는 위상과 특성, 나아가 동아시아적 차원에서 어떻게 보아야 할 것인가를 언급하는 것으로 결론을 대신할까 한다. 저 방대한 연행록류에 접근하는 시각을 잡기 위한 하나의 시론이다.

1 조선조에서 연행록은 해행록海行錄에 대응되는 문헌이다. 조선이 취한 외교는 '사대'와 '교린'이 기본 구도였다. 바다 건너 에도江戸을 통신사로 다녀오는 것을 해행=海槎, 그 상관 기록물을 해행록=海槎錄이라고 일컬었던 것이다. 해행은 연행에 비해 빈도가 훨씬 낮았던데 견주어 해

행록류의 성과는 실로 놀라웠다. 하지만 연행록류의 방대한 축적에는 멀리 미치지 못한 것은 불가피한 형세였다.

2 연행록을 연행의 상관 기록물이라고 하면 그 형식은 여러 가지가 존재했다. 기행시와 기행산문이 기본적인 글쓰기 형태이며 기행가사紀行歌辭로 표현하기도 했다. 뿐 아니고 조헌의 『중봉동환봉사重峰東還封事』나 박제가의 『북학의北學議』와 같이 논설적인 저술도 있다. 기행가사로는 해행에서 김인겸의 『일동장유가日東壯遊歌』, 연행에서 홍순학의 『연행가燕行歌』가 대표적인 것이다. 남용익(1623~1692)의 『장유가壯遊歌』가 있는데 해행을 하고 연행도 한 자신의 체험을 살려 양자를 연결해서 노래로 엮은 것이다. 이들 기행가사는 여성독자들을 위해서 국문으로 쓴 것인데 부녀자 층의 요구에 응답해서 연행록들이 국문으로 번역된 사례도 더러 있었다. 홍대용의 『담헌연기』는 국문본으로 『을병연행록』이 따로 전하는바 단순한 변역이 아니고 독자성을 지니고 있다. 한문연행록이 동아시아 세계의 보편적인 형식으로 씌어진 것임에 대해서 국문연행록은 자국 고유의 형식으로 씌어진 점에서 따로 중시할 필요가 있다.

3 동아시아 세계에서 행해진 조공 외교의 상관 기록물로는, 당연한 말인데 조선의 연행록만 있는 것은 아니다. 월남의 연행록, 유구의 연행록도 존재했다. 최근 중국에서 『월남한문연행문헌집성越南漢文燕行文獻集成』(上海 復旦大學 文史研究院, 2009)이 간행된 바 53인의 79종의 자료가 25책에 수록되어 있다.

조공외교는 중심과 주변의 종속적 관계이긴 하지만 오고가는 상호적인 관계이다. 그렇기 때문에 중국의 사절단이 책봉사册封使 등 명목으로 조선국·안남국·유구국 등에 파견된 것이다. 따라서 중국의 사절단으로 나왔던 인사들 중에서 기록을 남긴 사례가 없지 않았다. 그중에도 송대에 서긍徐兢의 『선화봉사고려도경宣和奉使高麗圖經』, 명대에 동월董越의 『조선부朝鮮賦』가 유명하다. 조선에서는 명의 칙사가 나오면 으레 접반사接伴使이 나가서 처음부터 끝까지 상대를 하는데 그 과정에서 어울려 수

창한 시편을 『황화집皇華集』이란 이름으로 정리, 간행하기도 하였다.

중국이 유구국에 사신을 파견한 것이 명대에는 17회, 청대에는 8회에 불과했다. 조선에 비해보면 희소한 편인데, 흥미로운 사실은 유구국을 다녀온 중국 사신은 관련 저술이나 여행 기록을 남기는 경향이 있었다.[8] 대만에서 간행한 사유구록류(使琉球錄類)가 여러 종 확인되고 있으며, 중국에서도 『국가도서관유구자료國家圖書館琉球資料』(北京圖書館出版社)란 표제로 몇 차례 편찬, 간행된 바 있다.

4 앞서 연행에 관련한 글쓰기는 기행시와 기행산문이 기본 형태였음을 지적한 바 있다. 그중에도 시 형식이 더 기본적인 것이었다. 한시는 동문세계同文世界에서 가장 보편적인 문학형식이며, 일종의 국제적인 사교의 수단이기도 했기 때문이다. 중조中朝 외교의 부산물로 『황화집』이 편찬된 것도 이 때문이었다. 『월남한문연행문헌집성越南漢文燕行文獻集成』에 수록된 자료가 79종이나 되지만 대부분 시편으로 채워져 있다. 월남 측 연행 문헌에서 흥미로운 사실의 하나는 북경北京에서 조선 사신과 만나 한시를 수창하는 것이 관례처럼 되었다는 것이다. 유구의 사신도 때로는 함께 끼어서 "天地間同文之國"(越南 李文馥, 「見琉球國使者幷引」)임을 확인하기도 했다.

5 한국의 연행록은 동아시아세계 조공외교의 문헌에서 가장 방대한 편인데 대부분 산문을 쓰고 있다. 이점은 한국 연행록의 가장 중요한 특징으로 지적해야 할 사실이다. 물론 시 형식이 한자문명권에서 기본적인 표현수단이자 사교의 수단이었던 만큼 연행의 한시가 산문에 앞서 씌어졌고 뒤에까지도 한시를 빌어서 견문과 소회를 표현했다. 연행에 참여한 인사들의 문집에는 대개 연행의 한시가 다량으로 보이는 것이다. 그런데 언제부턴가 연행의 경험을 산문으로 기록하는 문학적 관행이 성립한 것이다. 16세기후반기의 허봉 『하곡조천기荷谷朝天記』에서부터 19세

---

8) 夫馬進의 저서 (2008), 『연행사와 통신사』, 新春苑에 중국 측의 사유구록과 사조선록을 비교해서 특질을 논한 한 장이 들어 있다.

기후반기의 김윤식 『영선일기領選日記』에 이르기까지 그 사이에 보고된 연행록의 걸작·명품들은 모두 산문으로 되어있다. 이 현상은 세계에 대한 구체적 인식과 현실에 대한 비판의식을 실현하기 위해서 산문형식을 요구한 것으로 해석할 수 있다. 산문정신의 발전 그것이다.

조선후기 연행무역과 수출입 품목

이철성 | 건양대학교 교수

1. 머리말

조선후기 연행燕行 과정에서 일어난 대청무역 연구는 대표적 무역품과 무역상인 간의 경쟁을 살피는 방식을 통해, 대청무역이 점차 '조공무역의 한계와 제약'을 벗어나 조선후기 경제변동의 주요 요인이 되었다고 평가되었다.[1] 무역품은 조선의 인삼·홍삼, 중국의 비단·모자帽子 그리고 일본의 은화銀貨이 조명되었다. 조선의 대외무역은 조선과 청국이 외교적 안정을 찾은 17세기 중반부터 18세기 중반까지 시기와 그 이후의 시기로 나누어 파악 되었다. 전자의 시기에는 조선의 중개무역이 동아시아 경제를 형성하는 허브의 역할을 수행했다. 이 시기 조선의 주력 상품은 자연산 인삼人蔘이었다. 조선 인삼이 중국의 견직물과 일본의 은화를 연결시켰던 것이다.

하지만 청일 간의 직교역이 진행되자 조일무역은 18세기 중반부터 침체하였고, 일본 은화의 유입은 급감했다. 이후 조선의 무역은 자연산 인삼이 절종 현상을 보임에 따라 종이, 가죽, 해산물 등의 잡물雜物을 무역결재 자금으로 대체하는 한편 비축된 은화를 투입하여 중국의 모자를 수입하는 양상을 띠었다. 중국 모자 수입을 위해서는 부득이 조선의 은화가 투입되어야 했으므로, 모자 무역은 조선 경제에 부정적 영향을 미치고 있었다.

홍삼은 땅에서 생산되는 농산물로서 중국으로부터의 모자를 수입하기 위해 조선의 은화를 투입하는 모순적 상황을 타개한 대표적 상품이었다. 즉 19세기 홍삼은 조선의 고부가 가치를 지닌 무역 상품이자 결재 수단으로 등장하여, 중앙정부의 재정확충과 군비확장을 위한 재원 마련

---

1) 이철성(2000), 『조선후기 대청무역사 연구』 국학자료원; 유승주·이철성(2002), 『조선후기 중국과의 무역사』, 경인문화사.

방안으로도 활용되었다.2)

조선후기 대청무역에 대한 이러한 연구 결과는 거시적 차원에서 대청 무역의 흐름과 그것이 국내에 미친 영향을 긍정적 차원에서 평가할 수 있는 기반을 형성했다. 하지만 대청무역에 대한 객관적인 평가를 위해서는 아직 많은 문제들이 해명되지 못했다. 그 가운데서도 수출입 상품에 대한 구체적인 분석이 미흡했던 점은 대청무역의 성격 규명에 치명적인 한계일 것이다. 인삼, 모자 등을 추적한 연구가 있기는 하지만, 수출입품목의 전체적인 정리와 상호연관 관계에 대한 연구는 아직 진행되지 않았다.3) 이 논문은 이런 문제의식을 바탕으로 하여 대청무역 교역품에 대한 개별적 접근을 시도하려고 한다.

이에 1장에서는 의주부義州府 수검소搜檢所의 자료를 중심으로, 18·19세기 조선의 수출품과 수입품을 종합적으로 파악해 본다. 2장과 3장에서는 수출입품에 대한 경제적·문화적 접근을 시도하려고 한다. 주지하는 것처럼 대청무역에 대한 수출입품의 규모와 가치를 계량적으로 밝히는 문제는 자료의 한계로 인해 크게 진전될 수 없는 상황이다. 따라서 수출입 상품에 대한 문화사적 접근을 통해 대청무역의 성격을 유추해 내는 방법을 모색해 볼 필요가 있다.

2장에서 다루는 담배·해삼·홍삼은 이러한 입장에서 채택했다. 담배는 16세기 후반부터 17세기 전반까지 중국에서의 흡연인구 급증을 배경으로 하여 조선의 대표적 수출 상품이 되었다. 해삼은 다시마·미역과 함께 조선시대 전 기간에 걸쳐 수출된 물품이었다. 홍삼은 19세기 토지에서 생산되는 농산 가공물로서, 조선 최고의 브랜드 상품이었다. 이들

---

2) 연갑수(1999), 「19세기 중엽 조청간 교역품의 변화」『한국사론』 41·42.

3) 사무역과 밀무역의 범주에서 일부 교역품을 다룬 연구는 있다. 유승주(1977), 「17세기 사무역에 관한 일고찰-조·청·일간의 염초·유황무역을 중심으로」『홍대논총』 10; 김동철(1995), 「17세기 일본과의 교역·교역품에 관한 연구-밀무역을 중심으로」『국사관논총』 61; 윤유숙(2008), 「17세기 조일간 일본제 무기류의 교역과 밀매」『사총』 67.

물품은 어떻게 보면 일본에서 은이 부족해진 시기에 활발히 진행되었던 '표물무역俵物貿易'과 같은 범주에 드는 상품이었다고 할 수 있다.

3장에서는 중국에서 수입되는 모자·수은·붕사·주홍 등을 다루었다. 모자는 홍삼과 대척점에 선 수입–수출 상품이었다는 점에서, 그리고 수은·붕사 등은 조선사회 생활 전반에 걸친 수요에 기반을 두고 수입되었고, 완제품이 아니라 사치성 소비재 생산과정과 연관되어 있다는 점에서 채택해 보았다. 물론 교역품에 대한 개별적 소재적 접근 방법으로 대청무역의 전체적 성격을 밝힐 수는 없을 것이다. 그러나 무역상품에 대한 규명 없이 무역의 구조와 흐름만을 논의해서도 곤란할 것이다. 소재적 접근이 갖는 한계점은 추후 지속적으로 보완해 갈 것이다.

2. 의주부 수검소의 수출입품

조선후기 대청무역은 변경무역과 사행무역(=연행무역)으로 나누어 파악할 수 있다. 변경무역은 중강中江·회령會寧·경원慶源에서 이루어진 개시開市과 후시後市로 나눌 수 있다. 변경무역은 조선과 청나라의 규례에 따라 개시일과 절차 및 거래 물품과 수량이 미리 정해진 제한된 교역이었다. 따라서 변경무역은 교역량이나 국내 상업계에 미친 영향 면에서 사행무역에 미치지 못했으며, 사행무역이 대청무역의 중심이었다.

조선 사행무역은 공무역公貿易·사무역私貿易·밀무역密貿易으로 구분할 수 있다. 공무역은 조공관계에서 조공朝貢과 회사回賜의 형식으로 이루어지는 무역을 말한다. 사무역은 사행원역의 팔포무역八包貿易과 상의원·내의원 무역 및 각급 관아의 포외무역包外貿易 그리고 의주상인에게 주어졌던 만포무역灣包貿易 등을 말한다. 밀무역은 이 이외에 불법적으로 이루어지는 교역을 말한다.[4]

---

4) 무역의 유형화에 대해서는 조공관계에 따른 분류, 무역주체에 따른 분류 및 경제통합 형태에 따른 분류를 포괄하는 보다 진전된 논의가 있다(이헌

포包란 사행 중 각종 경비마련을 위해 조선 정부가 인정한 무역자금으로서, 신분과 직위에 따라 그리고 시기에 따라 포에 채워가는 물품과 규정된 금액이 달랐다. 팔포란 흔히 인삼 열 근을 여덟 개의 꾸러미에 나누어싸게 한데서 시작되었으나, 이것은 곧 '인삼 80근에 해당하는 가치'를 의미하는 '가치칭량價値稱量의 단위'가 되었다. 인삼을 구하기 어려운 시기에는 인삼 1근을 은화 25냥으로 환산하여 은화 2천 냥이 '팔포 정액'이 되었다. 당상관에게는 1천 냥을 더 지급하여 3천 냥 포包가 된 것도 같은 맥락에서이다. 홍삼의 공식적 무역량을 포삼包蔘이라고 한 것도 마찬가지인데, 포삼의 무역량은 매년 달랐다.

그런데 인삼도 부족하고 은화도 부족하게 되면, 팔포에는 그 값어치만큼의 잡물雜物을 대신 채워가도록 했다. 특히 1754년(영조30) 재개된 연복무역 곧 책문무역에서는 의주상인에게 무역자금을 허락했는데 이를 만포灣包라고 했다.[5] 만포 정액은 정기사행인 절사에 1만 냥, 임시사행인 사은행에 5천 냥, 재자행에 1천 냥을 초과 못하도록 규정했다.[6] 그런데 이 만포에는 정해진 가격만큼의 피물과 잡물을 채우도록 했으며, 만약 은화로 가지고 갈 경우에는 잠상의 율律로 처벌하고 의주부사와 서장관도 논책토록 했다.

이상을 살펴보면 무역결재 수단의 의미를 지니는 조선의 대표적 무역품은 인삼, 은화, 홍삼이었다. 그런데 이것들이 경제적 조건과 시기에 따라 품귀 현상이 발생하거나 만포 등과 같이 특별한 경우에는, 잡물을 채우도록 했던 사실을 알 수 있다. 그렇다면 연행무역에서 은화와 인삼을 대신하여 대금결재 수단으로 기능했던 잡물에는 어떤 것들이 있었을까?

창(2004), 「한국 전근대 무역의 유형과 그 변동에 관한 연구」『경제사학』36). 다만 여기서는 공식적 무역자금으로서의 包에 대한 의미를 좀 더 두고자하여, 전통적인 분류 방식에 따랐다.

5) 『萬機要覽』財用編 5, 柵門後市.

6) 『備邊司謄錄』영조 30년 8월 초 5일;『만기요람』재용편 5, 책문후시.

〈표 1〉 18·19세기 조선 수출 금지 품목

분류			
면포·종이류	가죽류	동·식·광물류	기타
闊細布	*貂皮	*金	綵文席
厚紙	土貂皮	鐵	軍器
	海獺皮	鉛	器皿
	*水獺皮	牛	牛角
	豹皮	馬(雌馬)	錢文
	土豹皮	玉寶石	戶牌
		焰硝	書札
		騍馬	
		樺皮	
		人蔘	
		八包외 銀貨	
		硫黃	

　잡물은 면포류, 종이류, 가죽류, 동물·식물·광물류와 기타 물품으로
구분할 수 있다. 잡물도 인삼과 은화처럼 생산에 한정이 있는 물품이었
기 때문에 시기에 따라 수출이 허용되기도 하고 금지되기도 했다. 〈표
1〉은 18·19세기 조선의 수출 금지 품목을 정리한 것이다.[7] 그런데 이 가
운데 담비가죽, 수달가죽, 금金은 1854년(철종 5)「만부 관세청 구폐 절목灣
府管稅廳捄弊節目」에서 일시적으로 포물包物으로 인정받기도 한다. 한편 같
은 시기 조선에서 수입을 금지한 품목을 정리한 것이 〈표 2〉이다.[8]

　그렇다면 중국이 수출금지 품목으로 지정한 물품은 어떤 것일까. 중
국에서는 당삼唐蔘을 팔면 사형, 포도문단葡萄紋緞, 황선단黃縇緞, 궁각을
팔면 다소를 막론하고 정배定配에 처했다. 수은, 붕사, 상모象毛, 인주, 당
화唐畵, 삼국지, 단달마丹㺚馬 등도 수출금지 물품목록에 포함되었다. 그
러나 이것들은 중국에서는 수출금지 품목이었지만 조선에서는 그렇지
않았다. 조선 정부는 필요하다면 정부 차원에서 밀무역을 주도하기도

---

7)『비변사등록』정조 11년 10월 초5일;『비변사등록』헌종 4년 8월 22일;『平
安監營啓錄』庚寅(1830) 12월 11일;『龍灣志』舘廨 搜檢所.

8) 주 7)과 동일.

〈표 2〉 18·19세기 조선 수입 금지 품목

분류			
직물류	패물·그릇·복식류	서책류	기타
각종 紋緞	玉	西學·左道書冊	古董
	密花	稗說雜書	律鍾(自鳴琴등속)
	金貝		珍禽
	珊瑚		異花
	琥珀		洋磁
	各樣瑪瑠		各樣毯氍
	水晶(眼鏡)		
	靑剛石		
	金剛石		
	琉璃(面鏡)		
	玳瑁		
	花柳		
	烏木		
	降眞香		
	各色猩氈		

했다.9)

　〈표 3〉은 18세기와 19세기 의주부 수검소에서 취급했던 수출입 품목 및 은환산식을 표로 작성한 것이다.10) 이를 보면 우선 의주부에서 사용하는 재원으로 18세기에는 사모 3척 150냥과 모혈 5척 250냥이 있었으나 19세기에는 이것이 없어졌다. 또한 19세기에는 서양목과 해남포를 비롯한 기타 포목이 수입되고 궁각弓角이 추가되었다. 물품에 대한 과세는 환산가로 은화 1천 냥마다 수출품에는 은화 1백 냥을, 수입품에는 30냥을 세금으로 부과했다.

　그런데 〈표 3〉의 조선 수출품을 보면 종이류, 면포류, 가죽류, 해산물 등이 잡물무역의 주력 물종이었음을 쉽게 알 수 있다. 그 가운데 해산물

---

9) 유승주(1977), 앞의 글; 윤유숙(2008), 앞의 글 참조.
10)『용만지』관해 수검소 (1768년〈영조 44〉);『용만지』관해 수검소 (1849년〈헌종 15〉).

〈표 3〉 18·19세기 의주 수검소 수검물종 및 절은가

수출품목 및 折價銀(折銀 1,000냥 當 銀 100냥 수세)								
번호	물종	절은(냥)	번호	물종	절은	번호	물종	절은
1	白綿紙 (1塊)	30	6	白木 (1疋)	1	11	北海蔘(100斤)	30
2	壯紙 (1塊)	20	7	交木 (1疋)	1	12	南海蔘(100斤)	20
3	白紙 (1塊)	5	8	牛皮 (1釜)	50	13	多士麻(100斤)	7
4	扇子 (1釜)	7	9	赤皮 (1釜)	50	14	南草(100斤)	6
5	白紬 (1疋)	1.5	10	山皮 (1釜)	30			

수입 품목 및 折價銀(折銀 1,000냥 當 銀 30냥 수세)								
번호	물종	절은(냥)	번호	물종	절은	번호	물종	절은
1	帽子 (1隻)	50	25	龍眼肉(100斤)	150	49	衾家 (1件)	0.5
2	方冠 (1竹)	2	26	皮龍眼(100斤)	15	50	衾 (1件)	1
3	片金 (1立)	1	27	雜糖 (100斤)	15	51	末由子 (1件)	1
4	紅氈 (1立)	3	28	胡馬 (1匹)	33.3	52	丹木 (100斤)	10
5	戎氈 (1立)	2	29	騾子 (1匹)	33.3	53	白磻 (100斤)	5(10)
6	白氈 (1立)	1	30	驢子 (1匹)	16.6.5	54	采蓮 (1令)	0.5
7	常氈 (1立)	0.3	31	胡鞍 (1坐)	1	55	鹿皮 (1令)	1
8	馬尾(100斤)	50	32	鍮鑞 (100斤)	40	56	鹿茸 (1對)	2
9	貂尾 (1釜)	20	33	咸錫 (100斤)	20	57	鎖金 (1箇)	0.2
10	黃毛 (1釜)	10	34	水銀 (100斤)	200	58	剪子 (1箇)	0.2
11	唐太(100斤)	15	35	硼砂 (100斤)	100	59	烟竹 (1箇)	0.2
12	彈花(100斤)	20	36	朱紅 (100斤)	100	60	胡刀 (1柄)	0.2
13	允布 (1疋)	1	37	大皮箱 (1坐)	1(2)	61	鑷子 (1箇)	0.2
14	許子 (1疋)	1.7	38	小皮箱 (1坐)	0.5	62	棕櫚杖 (1箇)	0.4
15	花布 (1疋)	0.6	39	唐床 (1坐)	1	63	藤杖 (1箇)	0.3
16	大三升 (1疋)	0.5	40	新設爐 (1坐)	2	64	藤鞭 (1箇)	0.1
17	斗靑 (1疋)	0.5	41	唐釜 (1坐)	1	65	雨傘 (1柄)	0.5
18	皮布 (1疋)	0.2	42	竹烟子 (1箇)	0.5(0.4)	66	茱種 (1斗)	1

19	小三升 (1疋)	0.2	43	沙櫃子 (1坐)	0.2	67	木箸 (1束)	0.0.2
20	紅花(100斤)	50	44	洗面盆 (1坐)	0.1	68	稱子 (1箇)	0.2
21	胡椒(100斤)	30	45	花器 (1立)	0.0.3	69	籌板 (1坐)	0.2
22	甘草(100斤)	30	46	色絲 (1斤)	3	70	*西洋木 (1匹)	3
23	乾干(100斤)	15	47	大帶子 (1釜)	3	71	*海南布 (1匹)	1
24	橘餅(100斤)	15	48	小帶子 (1釜)	2	72	*기타포 (每匹) 弓角 (1張)	0.2 0.7

인 해삼과 농산물인 담배가 주목된다. 한편 수입품을 보면 모자, 모직물, 약재, 동물, 식물, 광물을 비롯한 각양각색의 물품이 조선으로 들어오고 있었다. 특히 수은, 붕사 등은 중국에는 수출을 금지하는 물품이었음에도, 의주부 수검소에서는 이들 물건을 100근에 은화 200냥에서 100냥으로 환산하여 과세하는 규정까지 마련했다. 따라서 본고에서는 수출품에서는 조선 무역상품의 대명사인 홍삼과 잡물무역의 물종 중 담배와 해삼을 그리고 수입품에서는 18세기 중엽 수입의 대종을 이룬 모자와 국내 수공업뿐만 아니라 일상에서도 널리 사용된 수은, 붕사, 주홍 등에 대한 경제·문화사적 의미를 살펴보기로 한다.

3. 수출품 : 담배, 해삼, 홍삼

1) 담배

조선에 담배가 전래된 것은 임진왜란 이후부터이다.[11] 성호 이익은 '담배가 많이 유행된 것은 광해군 말년부터인데, 남쪽 바다 가운데 있는 담파국湛巴國이란 나라에서 들어온 것인 까닭에 속칭 담배라 한다.'고 했다.[12] 또한 담배가 약리적 효능이 있다는 견해와 그렇지 않다는 견해

---

11) 이수광, 『지봉유설』 권19, 食物部 藥.
12) 이익, 『성호사설』 권4, 萬物門 南草.

가 팽팽하게 대립 했지만, '불과 1백 년 만에 전국적으로 확산되었다.'고
했다.13)

담배가 중국에서 들어 온 경로는 두 가지 루트로 생각된다. 하나는
남동 해안가 복건성의 항구이다. 마닐라에 있는 스페인 사람들과 거래
하던 중국 상인이 담배를 들여왔던 것이다. 다른 하나는 북동쪽 국경이
다. 만주족은 중국 북부에서 흡연이 관습화되기 이전에 이미 흡연자들
이었다. 이는 일본으로부터 조선에 담배가 전해진 것과 무관하지 않다.
만주족의 흡연은 1620년대 만주지역의 명나라 병사들에게 담배를 전할
정도로 널리 퍼졌다. 강희제 아버지의 섭정이었던 도르곤(Dorgon)은 상당
한 애연가여서 북경에 오는 조선의 사신들은 잊지 않고 조선의 최상품
담배를 그에게 받쳤다고 한다.14)

담배가 중국 사회에 빠르게 확산되었던 중요한 배경으로는 명중기
이래 장기적인 전란, 청 중기 인구증가와 사회경제적 변동 속에서 안정
을 추구하는 국가정책 그리고 담배산업이 영향을 미치는 사회경제적 원
인 등을 꼽고 있다.15) 그 가운데 16세기 중엽 북로남왜(北虜南倭)의 혼란, 17
세기를 전후한 왜란·호란 그리고 만주족의 중국 정복으로 이어지는 일
련의 국제전쟁과 이자성·장헌충의 난 등은 담배 흡연을 확산시키는 계
기가 되었다. 전쟁은 군인들에게 고도의 긴장을 만들어 내므로 긴장을
완화시키는 기능을 가진 담배는 군인에게 없어서는 안 될 필수품이었기
때문이다. 북방의 추위도 군대의 흡연과 관련이 있었다.

흡연이 급속도로 확산되자 1634년에는 청 태종이 그리고 1639년에는
명의 숭정제가 흡연 금지령을 내렸다. 그러나 만주 귀족이 군대의 흡연
금지령 해제를 요청할 정도로 흡연은 일상화 되어갔다. 결국 1641년(숭정 6)

---

13) 이익, 『성호사설』 권8, 人事門 生財.

14) 샌더 L. 길먼·저우 쉰 외 지음, 이수영 옮김(2006), 『담배라는 창으로 내다
    본 역사와 문화-흡연의 문화사』, 이마고, 138~142면.

15) 원정식(2005), 「명청시대 담배의 정치·사회경제사적 의의」 『명청사연구
    』 24 참고.

청 태종의 금연령은 해제되었다.

담배 재배는 천계 연간(1621~1627)부터 시작하여 그 후 20년이 지나자 북방지역에도 많이 재배되었다[16] 그렇지만 17세기 중반까지 만주지역에의 담배 공급은 원활치 못했던 것으로 생각된다. 이에 담배는 조선 인조·효종 연간에 조·청 간 주요 교역품의 하나로 등장하게 된다.

> 빈객 이행원(李行遠)이 치계하기를, "청나라에서 담배를 금함이 요즈음 더욱 심하고 조정의 사목(事目) 역시 몹시 엄준합니다. 그런데 이익을 탐하여 목숨을 걸고 온갖 방법으로 숨겨 가지고 가서 나라를 욕되게 합니다. 지금 이후로는 금법을 범하는 자를, 1근 이상은 먼저 참수한 다음에 아뢰게 하고 1근 미만인 자는 의주에 가두고서 경중에 따라 죄를 주게 하소서." 하니, 상이 따랐다.[17]

청 태종의 금연령과 조선 정부의 수출금지에도 불구하고 담배 밀무역이 성행했음을 알 수 있다. 1642년(인조 20)에는 담배가 저들에게는 매우 귀하니 사사로이 판매하는 것을 금해야 한다는 주장도 보인다.[18] 동지사 이기조가 다이곤에게 조선의 담배와 매를 선물하도록 권유받는데서 보이듯 조선 담배의 질은 우수한 것으로 인식되었다.[19] 이에 담배는 소현세자가 심양으로 가는 행차의 비용을 마련하기 위한 방편이 되기도 했으며,[20] 조선인 속환을 위한 재원이 되기도 했다.[21] 금주전투 중에는 파병된 조선병사가 소금과 장을 바꾸어 먹기 위한 재원으로 담

---

16) 원정식(2005), 앞의 글, 162면.

17) 『인조실록』 권40, 인조 18년(1640) 4월 19일(경오).

18) 『비변사등록』 인조 20년(1642) 4월 1일.

19) 『인조실록』 권47, 인조 24년(1646) 2월 4일(신사).

20) 『비변사등록』 인조 19년(1641) 9월 9일; 『비변사등록』 인조 19년(1641) 9월 10일.

21) 『비변사등록』 인조 16년(1638년) 9월 3일.

배 3백 근을 보내기도 했다.[22] 사행이 오가는 각 관문에서는 인정人情 혹은 예물로도 사용되었다.[23]

청 태종의 금연령은 가난한 사람이 담배를 피워 재물을 소모시키는 것을 막는다는 민생 보호 차원의 목적도 있었으나, 담배가 조선에서 수입됨으로써 국부유출을 막기 위한 측면이 강했다는 지적에 주목해 볼 필요가 있다.[24] 담배는 종이, 무명, 해삼과 함께 이 시기 조선 잡물무역의 대표 주자였던 것이다.[25]

명말부터 중국 전역으로 퍼져가기 시작한 흡연풍조는 명청교체 이후 더욱 확대되었다. 명말의 흡연자들은 주로 예역하류隸役下流 및 병졸, 불량배와 같은 하층 인사가 대부분이었다. 그러나 청조는 입관 전부터 귀족이나 군민이나 모두 흡연이 일상화되었으므로 입관 후 흡연은 새 정권 인사의 풍상風尚이 되었다. 심지어 담배 피우지 않는 사람을 보고 '명시인明時人'이라고 책망했다고 할 정도였다. 이런 상황 아래 하층인사나 담배를 피운다는 관념이 사라지고 한족 신사들도 대대적으로 흡연 대열에 참여하게 되었다.[26] 이윽고 18세기 중국에서는 남녀노소를 불문하고 담배를 애용하는 흡연의 보편화, 술과 밥을 거를지언정 담배를 거르지 않는다는 흡연의 일상화, 손님과 주인이 응대할 때 먼저 이것으로 인사를 삼는다는 흡연의 보편도구화, 코담배로 대표되는 흡연의 차별화와 고급화로 진전되었다.[27]

---

22) 『비변사등록』 인조 20년(1642) 윤11월 19일.

23) 『연도기행』(인평대군, 1656) 하 일록 병신년 順治 13년(효종 7) 11월 16일 (경신).

24) 원정식(2005), 앞의 글, 165면.

25) 『비변사등록』 인조 22년(1644) 11월 23일; 『비변사등록』 인조 24년(1646) 5월 8일; 『비변사등록』 효종 즉위년(1649) 10월 13일.

26) 원정식(2005), 앞의 글, 166~167면.

27) 원정식(2008), 「18세기 중국사회의 흡연문화 연구-담배의 사회문화적 영향과 흡연예속의 형성을 중심으로」 『명청사연구』 29 참고.

중국에서 흡연의 보편화와 일상화는 담배 재배지의 확대와 불가분의 관계에 있었다. 따라서 18세기 전반에는 중국 전역에 담배가 생산되었다. 이에 조선 담배는 주요 교역품으로서의 지위를 잃고, 의주 사람이 고마꾼으로 따라 들어가 생계를 꾸리기 위한 물품 정도로 인식되었다.[28]

그런데 담배는 흡연 방식에 따라 대담배, 물담배, 코담배로 차별화되었다. 이 가운데 대담배는 가장 보편적으로 사용된 도구이다. 입담배를 썰어서 담뱃대에 넣고 불을 붙여 흡입함으로써 비교적 간편하고 휴대하기 편리했다. 이것을 중국에서는 연관煙管, 연통煙筒 혹은 연대烟袋라고 했다. 재료는 대나무로 만든 것이 많았고 철, 구리, 금, 은, 상아 등으로 다양화 했다. 홍대용은 1765년 북경을 방문하여 담배통 사는 가게에 대해 다음과 같이 쓰고 있다.

> 담배통을 파는 데를 가 보았다. 통은 모두 백통과 파라(叵羅)에 흑단 나무로 설대를 했는데, 짧아서 주척(周尺)으로 한 자밖에 안 되었다. 어떤 것은 관음죽(觀音竹)으로 끼웠는데 길이가 4~5척이나 되었다. 혹 통이 작고 가는 것도 있었는데 그것은 아이들 것이고, 큰 것은 몇 홉이 들어갈 만한 것도 있었는데 그것은 여러 사람이 돌려가며 피운다 했다. 어쩌다 길이가 사람 어깨와 가지런하고 통 밑에 두어 치 길이의 뾰족한 송곳 모양으로 만든 것이 있었는데, 그것은 지팡이의 겸용이라 한다. (중략) 책상 위에 각양의 코담배 병이 놓여 있는데 여간 곱고 묘한 게 아니다.[29]

다양한 길이의 담뱃대와 코담배 병을 보았던 것이다. 코담배는 18세기 유럽에서 귀족들 사이에 유행했다. 이것을 중국에 들어온 선교사나 상인들이 전파한 것이다. 특히 강희·옹정·건륭제는 모두 코담배를 즐겼다. 이 중에서도 특히 옹정제가 상용하였는데, 흑색 및 흑색 바탕의

---

28) 『비변사등록』 숙종 16년(1690) 2월 17일.
29) 『담헌서』(홍대용) 외집 권9, 燕記 隆福市 1월 29일.

코담배 병은 조선, 영국, 프랑스, 라오스, 태국, 유구 등 외국 사신에게
코담배와 함께 선물한 사례가 많았다.[30]

1832년 북경을 방문한 김경선이 "담배를 즐기는 풍속은 우리나라보다
심한데, 몽고와 회자국回子國 역시 마찬가지다. 오직 서양 사람들은 코담
배를 좋아하는데, 중국 사람들도 지금 많이 그를 본받아 시중에는 코담
배통의 매매가 자못 성행하고 있다. 그러나 연호烟壺을 차고 다니는 자
는 모두 만주 사람이다."[31]라고 했다.

또한 그는 "연대煙臺는 호로葫蘆 모양 같아 길이가 7~8치에 지나지 않
는데 담배 주머니에 꽂았다. 담배 주머니의 제작은 대략 우리나라 숟가
락 주머니와 같은데, 화초나 금수禽獸 및 옛사람들의 명구名句를 수놓아
차지 않은 사람이 없었으니, 그곳 풍속이 담배를 크게 즐긴다는 것을 알
수 있다."고 했다.[32] 이는 사회계층과 지역에 따라서도 흡연 기구의 선호
가 달랐으며, 만주족 지배층에서 코담배가 유행하였음을 보여준다.

조선의 중국 담배 수출은 점차 줄었으나 담뱃대 즉 연죽煙竹은 18세
기까지도 중국 사신에게 제공하는 선물 중 하나였다.

> 반송사의 보고에 의하여 송도의 해삼·미역·향왜초(鄕倭草)·종이·
> 연죽(煙竹) 등의 물건 및 양서의 감영과 병영에서 지급하는 물건을 넉넉
> 히 마련하고 단자(單子)를 써서 들여 줄 것을 아울러 공문을 보내 분부하
> 는 것이 사리에 맞을 듯싶습니다.[33]

18세기에는 조선의 담배보다는 연죽이 해삼, 미역, 종이 등과 함께 잡
물로써 선물의 대상이었음을 보여준다. 조선 역시 흡연문화가 매우 번

---

30) 원정식(2008), 앞의 글, 17면.
31) 김경선(1832), 『연원직지』 권6, 留館別錄 人物謠俗.
32) 김경선(1832), 『연원직지』 권1, 出彊錄 임진년(순조 32) 11월 22일.
33) 『비변사등록』 숙종 39년(1713) 6월 14일.

성했기 때문이다. 조선의 담배는 평안도에서 생산된 것을 최상으로 쳤
는데, 이를 '서초西草'라고 했다. 그중에서도 평안도 삼등三登에서 나는
삼등초三登草을 최고로 쳤는데,[34] 평안도의 기름진 땅은 모두 담배 밭이
되었다는 우려 섞인 목소리도 나왔다.[35] 농사에 방해되고, 화재의 위험
이 있으며, 접객의 문화에 걸맞지 않는다는 비판 속에서 몇 차례 담배를
금지하는 조처가 내렸으나, 흡연의 열기는 끊을 수 없었다.

오히려 18세기 이옥李鈺은 『연경烟經』을 지어 조선후기 담배의 문화와
산업에서의 의미를 포괄적으로 그려내기도 했다.[36] 흡연인구의 증가는
자연히 담배와 연관된 산업을 발전시켰다. 여기에는 담배 재배뿐만 아
니라 연초합, 연죽, 재판, 담배침, 담배쌈지 및 불씨용 수로 등 흡연구吸
煙具 제조업이 포함되었다.

담뱃대를 만드는 장인을 연죽장 또는 연배지장煙盃之匠이라고 했다.[37]
담뱃대는 담배를 담는 대통이 부착된 대꼬바리[煙盃部]와 입에 물고 담배
연기를 빨아들이는 물부리[吸口部]로 나눠지며 대꼬바리와 물부리 사이에
대나무로 만든 설대를 끼움으로써 그 모양을 이루게 된다. 담뱃대는 대
꼬바리와 물부리의 재료에 따라서 또는 연죽의 형태와 장식된 무늬에
따라서 여러 종류로 구분된다. 또한 설대의 길이에 따라 긴 담뱃대인 장
죽長竹, 외출 때 쓰는 행죽行竹, 손님 접대용인 객죽客竹으로 불렸다.

조선후기 담뱃대는 장식이 없는 민담뱃대부터 별죽別竹으로 불리는
오동은입사 담뱃대에 이르기까지 장식 방법도 각기 달랐다. 특이 조선
의 백동연죽은 대꼬바리와 물부리는 백동白銅으로 제작하고, 오동烏銅을
곁들여 장식하는 독특한 금속기법으로 만들었는데, 까만 오동에 백색의

---

34) 박지원(1780), 『열하일기』, 馹汛隨筆 7월 17일(계사).

35) 『정조실록』 권47, 정조 21년(1797) 7월 8일(을해).

36) 김영진(2003), 「李鈺 문학과 明淸 小品 – 신자료의 소개를 겸하여」 『한국고
전문학회』 23.

37) 홍정실(1997), 「금속공예 – 백동연죽」 『한국의 전통공예 기술』, 한국문화재
보호재단, 221~231면.

무늬가 아름답게 대비를 이루는 장식기법으로 높게 평가된다. 이때 백동은 적동赤銅과 은銀을 제련하여 만들었으며, 구리에다가 비소를 섞어 제련하기도 했다. 구리의 붉은 빛을 없애고 은빛을 돌게 하기 위해서이다. 오동은 구리와 소량의 금과의 합금재인데, 금의 첨가 비율에 따라 흑색의 변화를 나타낸다. 윤기 있는 까만 발색의 오동을 진오동眞烏銅이라 한다. 그런데 이 담뱃대 제작에서 대통과 목도리, 목도리와 토리 등의 접합부분에는 붕사땜과 붕사수를 이용했다.

조선후기 청으로부터 수입되던 붕사는 〈표 3〉에서와 같이 100근이 은화 100냥으로 환산되는 고가품이었다. 그럼에도 붕사가 청으로부터 수입되어야 했던 이유는 이처럼 국내 금속을 다루던 장인에게 절대적으로 필요한 물품이기 때문이었다.

2) 해삼

해삼은 19세기 서세동점西勢東漸 이전에도 시장 가격에 의해 좌우되는 세계적인 상품이었다. 중국에서 해삼요리는 고급요리였다. 중국은 남양제도 즉 마리아나, 팔라우, 캐롤라인, 마셜제도를 비롯하여 동남아시아, 일본 등 세계 각지에서 해삼을 사들였다. 그러나 해삼은 워낙 고가였기 때문에 해삼요리를 맛볼 수 있는 것은 소수의 왕과 제후, 지주뿐이었다.[38] 해삼은 중량의 95%가 수분이기 때문에 보존식품으로 만들기 위해서는 수분을 빼야 했는데 그 기간은 10~30일까지도 걸렸다. 즉 해삼은 채취와 가공을 거쳐 상품화 된 후 건해삼의 형태로 교역되었는데, 남양제도와 동남아시아의 해삼은 중국의 광동과 복건으로 향했다.[39]

일본도 풍부한 해삼 생산 국가였다. 덕천막부德川幕府 초기 일본은 금, 은을 수출하고 중국에서 생사, 견직물을 구입했다. 무역결재 수단은 금,

---

38) 쓰루미 요시유키, 이경덕 옮김(2004), 『해삼의 눈』, 뿌리와 이파리.
39) 쓰루미 요시유키, 위의 책, 제2부·제3부 참조.

은, 동이었다. 그러나 일본 겐로쿠기[元祿期](1688~1704) 아라이 하쿠세키[新井白石]는 나가사키의 데지마[出島] 무역에서 화폐의 원료인 금, 은, 구리가 유출되고 도시 여성들이 쓰는 견직물과 생사가 흘러드는 것에 대해 '외국 상품으로 우리의 근골과 모발을 뽑아내는 것'이라고 비판했다.[40] 그의 비유처럼 덕천막부 시대 초기 중국과의 무역으로 인해 일본에서는 처음에는 금·은이 부족하게 되었고, 곧이어 구리도 부족하게 되었다. 이렇게 부족한 구리를 대체한 상품이 세 가지 표물[俵物], 다와라모노 혹은 효모쓰, 곧 말린 해삼, 상어지느러미, 말린 전복과 제색[諸色], 쇼시키이라 총칭되던 여러 물건 즉 다시마, 말린 오징어, 조각난 말린 해삼과 전복, 말린 새우, 가다랭이, 쪄서 말린 정어리 등이었다. 표물이란 가마니[俵]에 넣었기 때문에 붙여진 이름이다. 이처럼 일본은 나가사키의 데지마를 통해 세계시장과 연결되어 있었다.[41]

일본 데지마 무역의 변수는 정지룡, 정성공 일가와 관련이 있었다. 청나라는 1661년 정성공의 세력을 꺾기 위해 천해령[遷海令]을 내려 강남 연안의 주민들을 내륙으로 이동시키고 해외무역을 금지했다. 이후 1683년(강희 22) 정씨일가가 항복하자 이 금지령은 철폐되었다. 그러자 나가사키로 들어오는 당선[唐船] 즉 중국배가 급증했다. 입항하는 배가 늘어나면 금은의 유출은 늘게 마련이었다. 이에 조쿄레이[貞享令] 곧 무역총액 한도제가 발포되었다. 중국 배와는 은 6천 관, 네덜란드 배와는 3천 4백 관으로 무역총액을 정하고, 일본은 구리로 결제하기로 했다. 중국배 한 척당 약 2백 관 정도로 거래액이 할당된 것이다.

그러나 무역 총액 한도제는 성공하지 못했다. 총액이 정해져 있었기 때문에 나중에 도착한 배는 짐을 싣고 그대로 돌아가야 했다. 이러한 상황이 밀무역을 부추겼다. 1697년경 총액 한도제에 수정이 가해졌다. 무

---

40) 沼田次郎(1936),「日淸貿易に於ける一問題－俵物の輸出について」上·下『歷史地理』68~65면.

41) 정성일(2000),『조선후기 대일무역』, 신서원.

역 총액을 추가하고 상인이 자기 부담으로 조달한 구리가 있으면 중국 배의 물건을 구입해도 좋다는 예외 조항을 인정한 것이다. 바로 이 시기에 건해삼을 주로 하는 세 가지 표물이 나타났다. 막부는 '금은金銀은 팔면 곤란한 상품', '구리는 팔아도 좋은 상품', '표물俵物은 팔면 팔수록 좋은 상품'이라는 인식을 갖고 있었다. 에도 막부가 새로운 수출 상품으로 해삼 생산을 독려하기 시작했던 1744년 나가사키에서 수출된 해삼의 총량은 31만 7천 근, 약 190톤이었다.

해삼은 조선에서도 생산되었다. 그리고 일본의 표물과 마찬가지로 해삼은 중강개시와 북관개시의 주요 거래물품이었으며, 은銀이 부족할 때 사행의 팔포를 채우는 잡물 중 하나로 기능했다. 이규경은 『오주연문장전산고』에서 해삼은 "우리나라 동·서·남·북해에서 모두 생산되는데, 북해 즉 함경도 연해에서 생산되는 것을 제일 좋은 것으로 친다. 중국에서는 이러한 해삼을 얻어 비단을 염색하거나 보신재로 쓴다."42)고 했다. 해삼은 중강개시에서도 소, 다시마 등과 함께 최대의 교역물품이었다. 〈표 4〉는 중강개시의 공매매 물종과 수량이며,43) 〈표 5〉는 1838년(헌종 4) 봄철 중강개시 공매매 총액수를 나타낸 것이다.44)

〈표 4〉 중강개시 공매매 총수(公買賣摠數)

물종	수량	물종	수량
소	200척	다시마	15,795근
해삼	2,200근	면포	373필
포	175필	백지	8,400권
장지	600권	소금	310석
보습	194개	사기	330죽

---

42) 이규경, 「해삼변증설」『오주연문장전산고』권11.

43) 『만기요람』 재용편 5, 중강개시.

44) 「義州中江戊戌春等開市時三道牛隻物貨發賣成册」(奎17165).

〈표 5〉 1838년(헌종4) 중강 춘등(春等) 개시 공매매 총 수

물종	수량	환산가(은)	가은(냥·전·푼)	비고
소	200수		1,173	대·중·소
다시마	15,775근	2냥 4전/1근	378.6	
해삼	2,200	5냥5전/100근	123.2	
上木	7同 23疋	3전/1필	111.9	
白紙	6,400권	2냥/100권	128	
	600권	3냥/100권	18	
犁口	194개	3푼/1개	5.82	
소금	310석	3전/1석	93	
益山紙	2,000권	2냥/100권	40	
五升布	3동 25필	3전/1필	52.5	
各色沙器	330竹	3푼/1죽	9.9	
胡椒	30근	3전/1근	9	
白礬	25근	2전/1근	5	
丹木	53근 5냥	2전/1근	10.66	
총계			2,158.58	

　　위의 두 표를 비교해 보면 조선의 주요 수출품은 소·다시마·해삼이
었으며, 이 세 가지 물종이 전체 교역액의 약 78%를 차지했음을 알 수
있다.

　　북관개시에서도 해삼은 조선이 청의 관원에게 예단으로 지급한 수량
이외 것은 수출이 금지되었다. 그러나 17세기 후반 청의 만주 봉금령이
해이해지고, 만주지역으로의 인구유입과 개발이 급속히 이루어지자, 해
삼에 대한 수요가 증폭되었다. 이에 해삼의 밀무역이 일어났다. 19세기
밀매가는 해삼 5~6개에 청포 1필이었는데, 이는 시가의 10배에 해당하는
것이었다. 1814년에는 해삼 20근이 말 1필, 1근은 삼승포 2필, 서피鼠皮 10
장에 거래되었다. 1820년대 해삼 10근의 값이 소 한 마리의 값과 같다고
했는데, 이것을 오라지방에 가서 팔 경우 근당 천은天銀 1냥 2전을 받을
수 있었다.[45]

---

45) 고승희(2003), 『조선후기 함경도 상업 연구』, 국학자료원, 173면.

18세기 의주부 수검소에서도 해삼은 다시마와 함께 수출 품목의 항목에 끼였다. 역시 북해삼이 남해삼보다 은화 10냥이 더 비쌌다. 다시마에 비하면 3~4배 비싼 물품이었다. 이처럼 해삼이 비록 잡물로 통칭되는 물품이었으나 바다에서 생산되는 경쟁력 있는 물품이 되었던 것은 중국에서의 높은 수요 때문이었다.

이에 중국에서는 해로를 알고 있는 자들이 해삼을 채취하기 위하여 여름과 가을에 해서海西을 왕래했는데, 그 수가 많아져 배가 몇 척이나 되는지 알 수 없는 상태였다.46) 이덕무는 "중국 등주登州·내주萊州의 섬47) 백성들이 4월에 바람이 화창할 때면 황당선荒唐船을 타고 와서 육지에서는 한약재인 방풍防風을 캐고 바다에서는 해삼을 따다가 8월에 바람이 거세지면 돌아가기 시작한다. 8~9척에서 10여 척의 배들이 몰려오는데 배 1척에는 70~80명에서 큰 배는 1백여 명까지 타고 와 초도椒島·조니진·오차포·백령도 사이에서 출몰한다."고 했다.48) 중국에서는 이들을 고기 잡는 놈 '어만자魚蠻子'라고 했다. 박지원은 이들을 분류하여 "4월에 오는 자들은 '망인網人' 곧 그물로 고기 잡는 부류인데 그렇게까지 날째지는 않으나, 5월에 오는 놈들은 '수인囚人' 즉 헤엄을 치며 해물을 채취하는 사람들로서, 뺨은 깎은 쇠붙이 같고 살결은 옻칠을 한 듯하며, 발을 위로 하고 이마를 거꾸로 한 채 발랄하게 파도를 가르기도 하며, 도끼를 들고 뭍에 나와서는 소나무를 진흙 쪼개듯 하고서는 어깨에다 도끼를 메고 힐끗힐끗하며 걸어가며, 호박이건 참외건 제멋대로 따먹고 반드시 뿌리까지 망쳐버리는 등 폐해가 많다."고 했다.49)

이처럼 해삼을 채취하기 위하여 4~5월에 걸쳐 중국 어민들이 출몰한

---

46) 『영조실록』권38, 영조 10년(1734) 5월 6일(신사); 『영조실록』권56, 영조 18년 (1742) 10월 5일(경인).

47) 大竹·小竹·鼉磯·沙門·海牛·覺化 등의 섬이다.

48) 豊川·長淵·甕津 등이 피해 대상지였다.

49) 이덕무, 『靑莊館全書』권62, 西海旅言.

것은 조선 정부로서는 변경을 어지럽히고 사회혼란을 야기 시킬 수 있는 중대한 문제였다.[50) 하지만 이는 해삼이 조선 인근 어장에서 풍부하게 생산되며, 중국의 높은 수요를 바탕으로 은화를 대신할 수 있는 조선의 수출상품이 될 수 있음을 반증하는 것이다. 이에 의주부 수검소에서는 그 가치를 북해삼 100근을 은화 30냥으로, 남해삼 100근을 은화 20냥으로 환산하고 있었다.

3) 홍삼

홍삼은 자연 인삼 즉 산삼이 절종 위기를 맞이하자, 밭에서 길러낸 재배 인삼을 가공하여 만든 약재이다. 1884년 조선을 여행한 칼스(William Richard Carles: 1848~1929)는 『Life in Korea』에서 "조선 인삼의 좋은 점에 관해서는 중국인들도 완전히 신뢰하고 있었다. 나이가 들어 활력을 잃고 오랜 질병으로 기운이 없고 허약한 사람에게는 인삼이 매우 효력이 있었고, 질이 가장 좋은 것이라면 그 약은 거의 금의 무게만큼과 같은 값어치가 있다."고 했다.[51) 1894년부터 1896년까지 조선을 여행한 기록인 이사벨라 버드 비숍(Isabella Bird Bishop, 1832~1904)도 "인삼은 한국의 수출품 중 가장 가치 있는 것이며 또한 세입의 중요한 원천이다."라고 단언했다. 또한 "파낙스 진생(Panax Ginseng) 또는 퀸퀴폴리아(quinquefolia)라는 이름이 암시하듯이, 인삼은 그야말로 '만병통치약'이다. 극동지역에 며칠간 머물러 본 사람이라면 누구나 이 뿌리와 그것의 효험에 대한 극찬을 듣지 않을 수 없다. 많은 중국인들은 인삼을 강장제, 해열제, 진통제 또는 불로장생제로 복용하거나 또는 술에 넣어 먹는다."고 했다. 아울러 인삼의 재배단계, 해갈이 농법, 생육조건 등과 홍삼제조 기술 및 백삼과 홍삼으로 가공되는 단계에서의 무게 변화까지도 자세히 적고 있다.[52)

---

50) 박지원(1780), 『열하일기』 銅蘭涉筆.
51) W. R. 칼스, 신복룡 역주(1999), 『조선 풍물지』, 집문당.

서양세계가 동양의 인삼에 대해 관심을 갖게 된 것은 18세기부터였다. 그러나 1714년 캐나다에서 예수회 라피토 신부가 인체를 닮은 신비한 뿌리를 발견할 때도, 1750년 버몬트에서 인삼이 발견되었을 때도, 인삼은 그저 '여태껏 보지 못했던 신비의 뿌리'(a plant the virtues of which have not yet been discovered) 정도로만 언급되었다.[53] 그러나 1757년(영조 33)부터는 미국산 인삼이 청나라에 수출됨으로써 조선산 인삼과 경쟁이 벌어지는 현상을 낳았다.[54] 미국에서는 매사추세츠와 코네티컷에서 북아메리카 인디언인 모호크족(Mohawk)이 인삼을 채취하여 알바니의 네덜란드 상인에게 팔고 그 대신 쇠그릇, 술 등과 바꾸었다.

네덜란드 상인들은 허드슨 강을 따라 대서양으로 나가 영국 런던이나 암스테르담에 있는 동인도 회사에 500%의 이익을 남기고 팔았다. 동인도회사는 광동이나 북경에 가서 청나라 상인에게 판매했다. 이로써 미국과 청나라의 인삼교역이 시작되었다.[55] 그 뒤 오하이오 주나 미시시피 계곡의 인삼도 청나라에 흘러들어 갔다. 독립전쟁 직전에는 매사추세츠 서부지방 인삼이 청나라에 수출되었다.[56]

미국은 일본을 통한 인삼 수출업에도 종사했다. 미국 독립전쟁의 도화선이 되었던 보스턴 차사건 이후 동양무역에 종사했던 뉴욕이나 보스턴의 미국 선박이 선적한 주요 물품도 인삼이었다. 이들은 네덜란드 상인에게 비싸게 팔아 이익을 챙겼다. 네덜란드 상인은 치즈나 버터를 좋

52) 이사벨라 버드 비숍, 이인화 옮김(1994), 『한국과 그 이웃나라들(Korea and Her Neighbours)』, 도서출판 살림.

53) William Elliot Griffis(1894), "American Relations with the Far East," The New England Magazine, vol XI No3 Novembe, p.257.

54) 이민식(1998), 「초기 미국의 대조선 교섭에 관한 일 연구 – 한국문화에 대한 인식문제를 중심으로」『문화사학』 8.

55) William Elliot Griffis(1894), "American Relations with the Far East," The New England Magazine, vol XI No3 November, p.257; 이민식 앞의 논문, p.139.

56) 이민식(1996), 『여명기초 한미관계사 연구』, 정훈출판사, 34~35면.

아하는 일본인들의 기호를 이용하여 인삼을 팔았다.[57] 그 결과 일본에
이어 중국시장에 미국산 인삼이 들어와 조선 인삼과의 경쟁에 들어갔다.

그러나 이것은 경쟁이 아니었다. 미국산 인삼이 중국에 진출하던 18
세기 중반은 조선의 인삼산업이 인삼 채취단계에서 인삼 재배단계로
바뀌는 대전환기였다. 그러므로 조선에서 인삼을 재배하고 이를 바탕
으로 홍삼의 수출량을 늘리면 이러한 경향은 바로 반전될 수 있는 것이
었다.[58]

조선에서 인삼이 과연 언제, 어느 지역에서, 누구에 의해 생산단계로
접어들었는가 그리고 인삼의 생산단계로의 전환은 어떠한 의미를 지니
는가에 대한 구체적인 기록은 찾아보기 힘들다. 단지 인삼의 재배는 17
세기말·18세기 초에는 시작되어 18세기 중반 이후에는 전국적으로 진행
되었으며, 18세기 말엽에는 강계 지방에도 삼포가 권장될 정도가 되었다
고 생각한다. 또한 재배 확산의 사회적 배경은 산삼의 절종 현상이 심화
되고 왜은倭銀의 수입이 감소함에 따라 연행팔포에 은銀을 채워가는 것
이 어려워지면서, 18세기 후반기 더욱 적극적인 재배단계로 넘어갔다고
할 수 있다. 가삼家蔘의 대량 생산에 이처럼 많은 시간이 필요했던 것은
가삼의 재배기술과 생장에 따른 긴 시간과 충분한 자본의 투자가 뒷받
침되어야 했기 때문이다.

가삼 재배가 성행하자 그에 대한 가공기술도 발전되어 갔다. 4~5년
된 가삼을 밭에서 뽑은 것을 생삼生蔘 혹은 수삼水蔘이라 했다.[59] 그러나
생삼은 수분을 포함하고 있어 오래 보존할 수 없었다.[60] 따라서 생삼의

---

57) William Elliot Griffis(1882), "Corea, the Hermit Nation", New York: Charles Scrbner's
Sons.

58) 조선후기 중국 및 일본과의 인삼무역에 대한 대표적 연구는 이철성(2000),
앞의 책; 유승주·이철성(2002), 앞의 책; 정성일(2000), 『조선후기 대일무역』
신서원 등이 있다.

59) 자연삼일 경우 이는 초삼이라고도 불렸다(『선조실록』 권162, 선조 36년
(1603) 5월 23일(무인) 「草蔘全其天 把蔘失其性」).

부패를 방지하기 위해 자연 건조시켰는데, 이를 건삼乾蔘 혹은 백삼白蔘
이라 했다. 하지만 건삼은 오래되면 부서지는 한계를 가지고 있었다.

　이러한 문제는 자연삼에도 공통적으로 적용되는 것이었기에, 조선에
서는 일찍이 크고 작은 인삼을 혼합하여 끓여 말리는 방법을 썼고, 이를
파삼把蔘이라 했다.[61] 조선에서는 양각삼洋角蔘이라 하여 몸체는 작으나
결백하고 품질이 좋은 자연삼을 선호했지만, 중국인들은 무슨 이유에서
인지 파삼을 선호했다.[62] 인삼을 팽조烹造하는 방법은 17세기 이전부터
알려졌던 것이다.[63] 그런데 인삼 재배가 시작되면서, 생삼 건조는 끓여
말리는 방식에서 쪄 말리는 증조蒸造의 방식으로 전환되었다. 즉 빈 공
간에 시렁을 만들어 그 위에 생삼을 얹은 다음 시렁 밑에서 숯불을 피워
말렸는데, 이를 홍삼紅蔘이라 했다. 그리고 그러한 장소를 증포소蒸包所
이 했다.[64]

　18세기 중·후반 가삼재배의 성행과 홍삼제조 기술의 발전을 조선정
부가 인식하고, 이를 대청외교 및 교역을 위한 비용마련 차원에서 반영
한 것이 1797년(정조21) 포삼제包蔘制였다. 그런데 이 포삼제는 1720년대 이
후 조선내부의 은화 부족현상을 배경으로 실시된 모자 수입무역을 대체
하는 중요한 의미를 갖고 있었다. 즉 1695년 청·일간의 직교역의 영향으
로 조선으로 유입되는 은로銀路이 막히게 되었다. 무역의 이익을 잃게
된 조선 역관들은 자신의 팔포에 은화를 채울 능력을 잃어버렸고, 공용
은公用銀 부담을 전제로 행해지던 관은官銀 대출도 더 이상 받을 수 없었
다. 무역을 통해 사행의 경비를 마련해 왔던 역관들이 경제적 궁지에 빠

---

60) 이긍익, 『연려실기술』 별집.
61) 『선조실록』 권162, 선조 36년(1603) 5월 14일(기사) 및 『선조실록』 권162, 선
　　조 36년(1603) 5월 23일(무인) 참조.
62) 『선조실록』 권162, 선조 36년(1603) 5월 23일(무인).
63) 인삼가공법에 대해서는 今村鞆의 『人蔘史』; 오성(1992), 「조선후기 인삼무
　　역의 전개와 蔘商의 활동」 『세종사학』 1 참조.
64) 『중경지』 권2, 토산; 『증보문헌비고』 권151, 田賦考 11 정조 21년.

지면서, 공용은 마련에 대한 조선정부의 변통이 불가피해졌다. 이에 처음에는 조선정부가 이후에는 사상들이 무역자금을 마련하여 모자를 수입케 함으로써, 사행경비 일부와 공용은을 마련토록 했다. 따라서 모자무역은 조선정부의 자금이든 사상의 자본이든 간에 빨리 극복되어야 할 무역형태였다. 홍삼이 그것을 가능했던 것이다.

18세기 중반 이후 개항이전까지 홍삼 수출의 주 대상 국가는 청나라였다. 조선 홍삼은 당시 중국 요동지역 인삼의 절종상태와 맞물려 급속히 확대되었다. 1797년(정조 21) 조선 정부가 홍삼무역을 공인하자, 홍삼무역은 국가재정의 재원으로 인식되면서 상황은 급변했다. 홍삼의 공식 무역량은 불과 50여 년 만에 실시 당초 120근에서 40,000근까지 늘어났다.[65]

19세기 초 조선에서 홍삼 1근의 공식 가격은 천은天銀 100냥이었다. 이는 조선정부 공식 쌀값으로 따져 60~80석에 해당하는 가격이다. 그런데 이것이 중국으로 넘어가면 적게는 은 350냥에서 많게는 은 700냥에 팔려 나갔다. 3.5배에서 7배 정도의 이윤이 남는 장사였다. 홍삼무역으로 정부가 거두는 세금만도 20만 냥에 이르러, 취약한 조선 정부의 재정을 확충하는 방편으로 활용되었다. 대원군이 군비확충을 위해 홍삼 무역세를 활용한 것은 잘 알려진 사실중의 하나에 불과하다. 홍삼은 19세기 조선경제를 유지해간 조선 시대판 반도체였던 것이다.

요컨대 18세기 후반 조선의 홍삼은 농업생산 기술과 가공기술의 발전에 힘입어 은화를 대체한 무역결재 수단으로서 높게 평가되어야 한다. 토지에서 생산되는 홍삼으로 18세기 후반 모자수입 무역을 홍삼 수출무역으로 바꾼 것이다. 개성유수 오한원은 '매년 중국으로 들어가는 홍삼은 모두 이 땅에서 나오는 물품'이라는 인식을 표출했다.[66] 이는 포삼包

---

65) Lee, Chul-Sung(2002), 「Reevaluation of the Chosun Dynasty's Trade Relationship with the Ch'ing Dynasty, 『International Journal of Korean History』 3.

66) 『승정원일기』 순조 21년 12월 초3일.

Graphic Table1 : The changes in the traded amount of Red Ginseng material

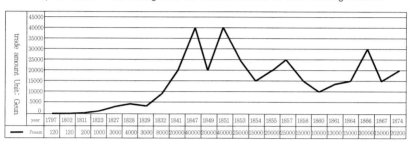

year	1797	1802	1811	1823	1827	1828	1829	1832	1841	1847	1849	1851	1853	1854	1855	1857	1858	1860	1861	1864	1866	1867	1874
Posam	120	120	200	1000	3000	4000	3000	8000	20000	40000	20000	40000	25000	15000	20000	25000	15000	10000	13000	15000	30000	15000	20200

蔘=홍삼은 은화가 고갈된 때에 토지에서 산출되는 물품으로서 매년 무역될 수 있는 최고의 무역품이었다는 의미였다. 당시 중국의 은銀 흡수력을 생각할 때 조선 홍삼무역의 위치가 새롭게 인식되어야 할 이유가 여기에 있다.

결과적으로 1750년경부터 수입된 미국 인삼은 중국 시장에서 조선인삼의 명성을 넘어뜨리지 못했다. 특히 1840년대 영국산 아편으로 골머리를 앓던 중국에서는 조선홍삼이 아편 해독에 효과가 있다고 알려져 있었다. 이런 이유로 [그래프 1]에서 보는 바와 같이 조선의 홍삼 수출량은 1840년대와 50년대에 최고조에 달하게 되었다. 19세기 후반 서해상에서 이양선과의 홍삼밀매가 성행한 것도 이러한 배경이 있었기 때문이다. 1898년 한 기록에서는 다음과 같이 적고 있다. "고려 홍삼은 세관에 의하여 파운드 당 15.87엔으로 60,104 lbs가 제물포에서 청나라로 선적되었다. 이는 미국산 보다 2배 이상 많은 양이었다."[67] 시기가 좀 늦지만 또 다른 증언에 따르면 1921년 고려인삼은 중국에서 1근에 130원에 팔렸다고 한다. 이 시세는 미국산 인삼의 7배, 일본산 인삼의 30배였다.[68] 이처럼 조선의 홍삼은 20세기에도 17세기 산삼의 명성을 그대로 잇는 조선의 농산 가공품으로써 국제무역을 통해 동아시아 경제를 연결하는 중요한 무역

---

67) C.T. Collyer(1903), "The Culture and Preparation of Ginseng," Transaction of the Korea Branch of Royal Asiatic Society vol Ⅲ, Part 1, pp.18~19.
68) 최홍순, 「고려인삼이야기」, 『북한』, 1988년 12월호, 북한연구소.

품이었던 것이다.

4. 수입품 : 모자, 수은, 주홍

1) 모자

조선시대 겨울철 머리와 귀를 보호하기 위한 방한용품으로는 이엄耳
掩, 난모煖帽 그리고 청모淸帽이 있었다. 난모와 이엄은 조선의 토산품이
었고, 청모는 흔히 모자라고 불렸는데, 청국에서 수입한 제품이었다.[69]
이엄은 조선시대 관원의 신분에 따라 차등이 있었다. 3품 이상은 검은색
에 가깝게 짙은 자줏빛이 도는 잘가죽貂皮을, 4품 이하는 그 보다는 색
상이 옅은 노랑담비가죽黍皮이나 살쾡이가죽狸皮, 여우가죽狐皮 등을
사용했다. 그러나 이엄에 대한 사치는 시대가 내려 갈수록 만연해 갔다.

그런데 이엄은 높은 신분을 위한 사치품만은 아니었다. 조선 정부는
함경도와 평안도의 군사들에게 매년 많은 이엄을 제작하여 지급해야 했
다. 특히 왜란과 호란을 겪으면서 국가 재정의 상당액이 관인과 군인의
이엄에 지출되고 있었다. 이로써 국내의 피물제조업이 성장하였고, 서북
지방의 피물 거래가 활발해 졌다.[70] 이와 함께 17세기 말, 18세기 초에
이르면 이엄 이외에 각종 난모들이 개발되고 있었는데, 연행록에서 이
러한 모습을 찾아 볼 수 있다.

조선후기 연행사 중 동지행은 매년 음력 11월에 출발하여 이듬해 4월
에 귀국하였고, 황력재자행은 음력 8월에 출국하여 10월 북경에 도착하

---

69) 장경희(2006), 「조선·청 간의 모자무역과 제작실태 연구」, 『사총』 62, 36면.
　　조선시대 방한모는 시기에 따라, 신분이나 성별에 따라 여러 가지 명칭이
　　존재한다. 이에 대해서는 강순제·김은정(2008), 「문헌을 통해 본 조선시대
　　방한모 명칭에 관한 연구」, 『복식』 58-7; 김영숙(1998), 『한국복식문화사
　　전』, 미술문화 참조.
70) 장경희, 앞의 글, 41~43면.

여 청의 시헌력을 받아 돌아왔다. 추운 겨울철 1712년(숙종 38) 연행의 길을 나선 최덕중은 그의 아우로부터 솜바지와 작은 휘항揮項을 선물로 받았다.71) 휘항은 호항護項, 휘양揮陽, 풍령風領 등으로도 불렸는데, 작은 것은 뒤통수와 목을 두르고 큰 것은 어깨와 등도 덮을 수 있었다. 김창업도 압록강을 건너기에 앞서 의주까지 입고 온 옷은 모두 벗고 명주로 만든 속옷에, 무명으로 만든 저고리 세 겹, 생삼승生三升으로 만든 바지는 두 겹으로 끼어 입었다. 갖옷은 양가죽이었고, 발에는 모직버선[氈襪]과 짚신을 신었다. 머리는 개가죽 이엄을, 호항과 호협護頰은 쥐 털로 만든 것을 번갈아 썼다.72) 1791년(정조 15) 김정중은 삼산건三山巾이라고 불린 풍차風遮을 착용하고 있었다.73) 풍차는 털로 만들기도 하고 흑단이나 갈포를 겹으로 하여 만든 것으로, 나이 많은 조사朝士이 대궐을 출입할 때에도 사용했다.

연행록의 이러한 기록은 조선 사회의 다양한 난모와 이엄의 발달을 증명하며, 피물제조업이 활발했을 것이라는 추측을 가능케 한다. 그런데 이에 더해 1720년대를 전후한 시기에는 중국으로부터 방한모자가 수입되어 조선 사회에 큰 영향을 미치게 되었다. 이 시기는 청일 간 직교역으로 17세기 중반 이후 약 1세기 동안 번성하였던 조선의 중개무역이 쇠퇴하던 때였다.

이 시기에 수입된 모자는 요동 중후소中後所 모자창帽子廠에서 주로 양털을 이용하여 제작된 방한용품이었다.74) 청으로부터 수입된 모자는 척隻-부釜-죽竹-립立의 단위로 계산되었다75) 립立과 죽竹은 각기 명수사名數詞의 하나로, 대개 립立은 1개·죽은 10개를 이르는 말이었다.76) 부釜과

---

71) 최덕중(1712), 『연행록』 일기, 임진년(숙종 38) 11월 19일.

72) 김창업(1712), 『연행일기』 권1, 임진년(숙종 38) 11월 25일.

73) 김정중(1791), 『연행록』 기유록, 신해년(정조 15) 12월 8일.

74) 무명씨(1803)『薊山紀程』 권5, 부록 의복; 김경선(1832), 『연원직지』 권2, 出疆錄 帽廠記.

75) 『비변사등록』 177, 정조 14년 7월 26일.

척隻은 명확치 않다. 그러나 죽·립이 수량 단위이므로 1부는 100립, 1척은 1000립으로 추정된다.[77] 18세기 후반 모자는 1년에 600척에서 1,000척가량 수입될 수 있었으므로, 그 수량으로만 따지면 60만 립에서 100만 립에 이르는 방대한 규모였다. 그러나 모자는 삼동三冬을 쓰고 나면 버리는 소모품으로써, 은화가 고갈되었던 시기에 역관의 생활을 보장해 주려는 방편으로 등장한 관주도형 수입품이었다.

이런 점에서 모자 무역은 시간이 흐를수록 그 수입의 부당성이 강도 높게 비판되었다. 즉 1784년(정조4) 중국에 다녀왔던 박지원朴趾源은 "모자는 한 사람이 삼동三冬을 지내는 데 필요한 물건으로, 봄이 되어서 해어지면 버리고 말 뿐이니, 천년을 가도 헐지 않는 은으로써 삼동을 쓰면 내버리는 모자와 바꾸고, 산에서 캐어내는 한도 있는 은화를 한 번 가면 다시 돌아오지 못하는 땅에 갖다 버리니 그 얼마나 생각이 깊지 못한 일인가."[78]라고 비판했다. 홍양호洪良浩도 1회성 소비재인 모자 수입을 "경사經史의 어디에서도 예법禮法을 찾아볼 수 없는 물건이며, 모자 무역은 금金을 연못에 던지는 것과 같다. 산천에서 나는 금은은 한이 있는 법이고, 천하의 전모氈毛은 무진장한 것인데 장차 어떻게 계속할 수 있게 되겠는가?"라며 강력히 비판했다.[79]

앞에서 잠시 살핀 바와 같이 모자수입무역은 역관을 부양하고 공용은을 마련하려는 국가 외교상의 필요에 의해 시작되었다. 그러나 모자 수입은 국내의 은화 보유량이 심각히 고갈된 상황에서 관은官銀을 마련하여 모자를 무역함으로 인해 오히려 국내의 은화를 더욱 소모케 하는

---

76) 『韓國漢字語辭典』 권3, 立部 0획 689면 및 『韓國漢字語辭典』 권3, 竹部 0획 699면 참조.

77) 釜는 용량 단위로 6斗 4升을 담을 수 있는 짐 꾸러미를, 隻 또한 말이나 소 한 마리에 실을 수 있는 일정량의 짐 꾸러미를 의미할 수도 있으나 정확치 않다. 『大漢和辭典』 金部 및 隹部 참조.

78) 『열하일기』 일신수필, 7月 22日.

79) 『정조실록』 권16, 정조 7년(1783) 7월 18일(정미).

자기모순에 빠질 수밖에 없었다. 모자무역은 조선정부의 자금이든 사상의 자본이든 간에 빨리 극복되어야 할 무역형태였다.

그렇지만 모자무역이 국내 산업에 반드시 해를 끼친 것은 아니었다고 생각된다. 모자 수입무역은 국내 모자 시장 활성화에 일정하게 기여했다고 판단되기 때문이다. 중국에서 만든 모자는 양털로만 만드는 것이 아니고 모든 짐승의 가는 털은 다 쓸 수 있었다.[80] 또한 조선 사행의 일원은 양털에 여러 가지 빛깔로 물들인 모자를 구입하는가 하면, 전氈을 산다며 출발에 임박해서야 어지러이 부산을 떨었다.[81] 오직 흰털만이 다른 털이 섞일 수 없어서 값이 가장 비쌌다.

그런데 김경선이 지적한 것처럼 모자를 만드는 법은 매우 쉬워서 양털만 있으면 우리도 만들 수 있는 것이었다. 이에 그는 '양을 기르지 않기 때문에 동지사나 황력재자관이 모자 구입을 위해 매년 가지고 가는 은화를 계산하면 10만 냥이 못되지 않으니 이를 10년 동안 통산한다면 100만 냥에 이른다.'고 했다.[82] 실제로 1781년(정조 5)부터 1790년(정조 14)까지 공식적으로 수입된 모자만 약 7,000척에 달한다.[83] 여기에 비공식적인 물량까지 생각하면 김경선의 지적이 과도한 것만은 아닐 것이다.

중국에서 수입된 모자의 형태가 어떤 것인지는 정확하게 규명되지 못했다. 그러나 모자를 제작하는 방법은 양털을 비롯한 각종 털을 이용하여 펠트(Felt) 작업과정을 거치는 것이었다.[84] 모직물을 수축시킴으로써 조직을 조밀하게 하는 측융 과정을 거쳤다는 것이다. 하지만 이 모자는 삼동을 쓰고 나면 헤어져 버려야 할 물건이었다. 그렇다면 수입된 모자의 모직물은 어찌되었을까. 모자와 함께 수입된 각종 모전毛氈과 더불어

---

80) 무명씨(1803), 『계산기정』 권5, 부록 의복.

81) 박사호(1829), 『心田稿』 권1, 연계기정 기축년(순조 29) 2월 15일.

82) 김경선(1832), 『연원직지』 권2, 출강록 임진년(순조 32) 12월 9일 帽廠記.

83) 이철성(2000), 앞의 책, 96면.

84) 장경희, 앞의 글, 58면.

조선시대 크게 발전 했던 난모와 각종 방한구에 재료로 재탄생되지 않았겠는 지에 대한 대답이 필요하다.

조선후기에는 이엄, 피견披肩, 휘항, 풍차, 만선두리滿縇頭里 등 각양각색의 난모煖帽과 난이煖耳, 피견披肩 등이 발달했다. 이러한 난모를 제작하던 공인工人들은 18세기 전반 이미 국가의 공역公役보다는 사적인 생산에 종사하고 있었다. 그리고 18세기 후반에는 난모 장인들의 생산, 판매가 확대되어 정부도 난모 장인들을 징발하기보다는 시장 구매를 택했다. 19세기에는 가죽, 털, 모직 등을 소재로 한 복식과 그 관리법이 비중 있게 소개되고 있었다.[85] 이렇게 조선후기 난모 수공업의 변화와 맞물려 있는 것이 바로 조선후기 수입 물품 중 중후소에서 들여 온 모자와 각종 빛깔의 모직물이었을 것이다. 의주부 관세청에서는 모자 1척을 은화 50냥으로 환산했다. 홍전紅氈, 백전白氈 등은 1립立에 각각 은화 3냥과 1냥으로 환산했다.

2) 수은

수은水銀(mercury)은 중국, 인도, 이집트 초기 문명부터 알려져 있던 물질이다. 수은은 행성 수성(Mercury)에서 딴 것인데, 로마인들은 수은을 히드라지룸(hydragyrum)이라 불렀다. 화학 기호 Hg는 여기서 왔다. 또한 그들은 진사辰砂을 가열하면 액체 수은 덩어리가 된다는 것을 알았다. 지구의 반대편인 중국인들도 같은 현상을 목격했다.[86]

역사상 수은이 가장 많이 활용되었던 분야는 금을 추출하고 정련하는 분야와 도금분야일 것이다. 수은은 금을 녹이는 능력이 탁월해 산금山金을 물속에서 분쇄한 다음 수은을 넣으면 아말감을 형성한다. 이 아

---

85) 홍나영(2009), 「조선후기 복식과 임원경제지」, 『진단학보』 108.

86) 존 엠슬러, 김명남 옮김(2010), 『세상을 바꾼 독약 한방울 I』, 사이언스 북스, 37~38면.

말감에서 수은을 휘발시키면 금만 남았다. 도금은 금의 생산량에 비해 턱없이 많았던 귀족층의 수요를 맞추기 위한 것으로 도금물의 표면 상태를 금빛으로 장식하기 위한 것이었다.[87]

수은 화합물은 약품으로서도 널리 쓰였다. 수은(Ⅱ) 염 용액은 효과적인 살균제였다. 감홍 즉 염화수은(Ⅰ)은 설사제, 습진이나 항문 가려움증에 뿌리는 가루였다. 기름이나 지방에 금속 수은을 섞어 피부병 연고제로 활용되기도 했다.[88]

그런데 조선에서는 수은이 생산되지 않았다.[89] 이에 세종 때에는 일본에서 가져온 수은석을 각 도道로 나누어 보내고 이를 신고하면 양인은 벼슬로 상을 주고, 이속吏屬은 면역免役시키고, 공천公賤은 자신에 한하여 신역을 풀어 주고, 사천私賤은 물품으로 상을 주도록 하자는 건의도 있었다.[90] 그러나 그 결과는 신통치 않았던 것으로 생각된다. 1491년(성종 22) 주사朱砂를 조그만 그릇에 담고 밑에서 불을 피우면서 그 위를 소반으로 덮으니 연기가 방울처럼 엉켜서 수은이 되었다. 이에 충찬위 김중보에게 면포 10필을 내려준 사실이 보인다. 또한 단천端川에서는 유황토硫黃土을 끓여 수은을 생산하고 청주에서도 유황을 끓여 함석含錫을 생산하고 있다는 보고도 있었다. 하지만 이런 방법이 수은의 안정적 공급원이 될 수는 없었다.

이에 비해 조선사회에서의 수은 활용도는 매우 넓었다. 우선 군사용으로 수은갑水銀甲이 제작되었다. 수은갑은 쇠로써 비늘을 만들고 수은으로 끼얹고, 가죽을 사용하여 엮어 만든 것이었다. 이는 녹비鹿比을 사용하여 엮어 만들고, 검은 칠을 한 유엽갑柳葉甲, 생저피生豬皮으로 비늘

---

87) 추원교(2006), 「고대의 수은도금법과 보존」, 『한국디자인문화학회지』 12-3.

88) 존 엠슬러, 김명남 옮김, 앞의 책, 84-85면.

89) 『태조실록』 권15, 태조 7년(1398) 12월 29일(신미).

90) 『세종실록』 권46, 세종 11년(1429) 12월 23일(을미); 『세종실록』 권50, 세종 12년(1430) 10월 18일(을유).

을 만들고, 그을린 녹비를 사용하여 엮어 만든 것 피갑皮甲, 철사로써 작은 고리를 만들어 서로 꿴 쇄자갑鎖子甲, 쇠비늘과 쇠고리를 서로 사이하여 엮은 경번갑鏡幡甲, 종이를 접어서 비늘을 만들고 녹비로써 엮어 만들어 검은 칠을 한 지갑紙甲에 비해 멀리서도 뚜렷이 달라 보이는 갑옷이었다.91) 수은갑은 철엽아갑이라고도 불렸다.92)

수은은 조선시대 금속공예에 필수 불가결한 비금속이었다. 특히 임진왜란과 병자호란 이후 문화재 부문에서는 전란 이후 소실된 사찰의 재건과 중창에 따라 불상, 불화, 범종 등 불교 미술품이 활발히 제작되었다.93) 특히 그 제작자를 알 수 있는 범종의 경우는 17세기 사인비구思印比丘과 김애립金愛立과 같이 걸출한 장인이 등장했다. 이후 18세기 점차 승장僧匠의 계열이 사라지면서 세분화하기 시작한 사장들이 지역별로 활동에 참여하게 되었다. 김상립金尙立의 아들인 김성원金成元을 중심으로 하는 김씨 일파와 윤상백尹尙伯, 윤종백尹宗伯, 윤취은尹就殷, 윤취삼尹就三, 윤광형尹光衡으로 이어지는 윤씨 일파가 대표적인 예이다. 또한 18세기 중엽부터 후반에는 이만돌李万乭을 중심으로 한 이만숙李萬叔, 이영산李永山, 이만중李萬重이 활동하였고, 경상우도에서 활동한 임화순林化順과 대구지역의 권동삼權東三도 있었다.94) 물론 이는 불교 범종의 경우에 한정된 것이지만, 여타 공예의 장인들에게도 적용되었을 개연성을 부정하기 어렵다.

한편 '대궐에서 수은과 황랍을 들이자 불상을 만드는 것이 아닌가하여 민심이 술렁이기도 했다.'는 것은95) 수은이 어디에 쓰이는 물건인가

---

91) 『세종실록』 오례, 군례 서례, 병기, 갑옷·투구;『광해군일기』 권169, 광해군 13년(1621) 9월 10일(무신).

92) 『세조실록』 권6, 세조 3년(1457) 1월 3일(무진).

93) 최응천(2000), 「영·정조 시대의 금속공예」『강좌미술사』 15, 불교미술사학회.

94) 최응천, 위의 글, 143~144면.

95) 『선조실록』 권8, 선조 7년(1574) 3월 20일(을미).

에 대한 이해도가 높았다는 사실을 알려준다. 또한 '도금은 반드시 수은으로 하는 것이나, 조금이라도 수은 기운이 섞이면 금이 반드시 제 색깔이 없어진다.'[96]는 비유가 사용되기도 했다. 도금 기술이 널리 인식되어 있음을 보여준다. 이 밖에도 수은은 관상감觀象監이 취재시험과 학술을 권장할 때 쓰는 책자와 음청표陰晴表에도 사용되었다.[97] 이가 많은 자, 잘못하여 금·은·동의 독을 삼킨 자, 음경의 종창腫瘡, 천포창 사용하면 낫는다는 지식도 알려져 있었다.[98]

이처럼 조선 사회에서의 수은에 대한 지식은 높고 활용도는 넓었지만, 수은은 국내에서 생산되지 않았다. 이에 필요 물량은 중국과 일본에서의 수입에 의존할 수밖에 없었다. 정기 연행사는 연례적으로 상의원에서 황금, 수은, 주홍, 상모象毛, 비상砒礵 등을 구입해 왔고, 내의원에서도 약재로써 용뇌龍腦, 수은 등의 물건을 구입해 왔다.[99] 그 수은은 의주부 수검소에서 100근에 은화 200냥으로 환산되어 과세되고 있었다.

붕사硼砂도 마찬가지였다. 붕사는 붕소의 화합물로써 금속의 접합·방부·이뇨약 등으로 쓰는 빛이 희고 단단한 결정인데 물에는 녹고 주정酒精에는 녹지 않았다. 천연물로는 온천의 침전물, 화산지대의 호수 침전물 등에서 산출되었으므로 우리나라에서 구하기는 쉽지 않았다.

그러나 그 쓰임새는 광범위했다. 붕사는 금속과 금속을 연결하거나 금속에 금이 가거나 금이 가서 벌어진 부분을 땜질을 할 때 쓰였다.

---

96) 『연산군일기』 권56, 연산군 10년(1504) 10월 11일(무진).
97) 『정조실록』 권52, 정조 23년(1799) 7월 16일(임신);『비변사등록』 정조 23년 7월 16일.
98) 『산림경제』 권3, 辟蟲;『산림경제』 권3, 救急.
99) 『승정원일기』 인조 4년 윤 6월 6일.

〈표 6〉 가례 시 사용된 장식물과 수은 붕사 활용처

의궤	명칭	재료
寶筒	보통(寶筒)	숙동 12근. 도금용 황금 4돈 4푼. 함석 1근 반. **수은 4냥 5돈.** 황밀 5냥 5돈. **땜질용 은 1냥 2돈. 붕사 2돈.**
朱筒	주통(朱筒)	숙동 12근. 도금용 황금 4돈 4푼. 함석 1근 반. **수은 4냥 5돈.** 황밀 5냥 5돈. **땜질용 은 1냥 2돈. 붕사 4돈.** 비상 2돈.
寶盝	보록(寶盝)	자물쇠와 열쇠 1부에 들어가는 숙동 4냥. 함석 8돈. **땜질용 은 1돈. 붕사 3돈.** 비상 1돈 5푼. /장식감 숙동 1근. 함석 3냥. 도금용 황금 3돈. **수은 2냥.**
朱盝	주록(朱盝)	자물쇠와 열쇠 1부에 들어가는 숙동 4냥. 함석 8돈. **땜질용 은 1돈. 붕사 3돈.** 비상 1돈 5푼. /장식용 숙동 1근. 함석 3냥. 도금용 황금 3돈. 수은 2냥.
玉册	옥책(玉册)	동철 2근 12냥. 도금용 황금 4돈 1푼 5리. **수은 12냥 2돈.** 백랍8돈. **붕사 2돈.** 비상 2돈. 太染太 1되. 당주홍 2돈. 黃筆 2자루. 참먹 1정. 이금 7돈. 明膠 2돈. 화필 2자루. 홍광적 1자 9치. 厚白紙 1장. 풀가루 1홉. 草注紙 4장. 杏文紙 1장. 경첩에 들어가는 동철 3냥. 도금용 황금 2푼. **수은 6푼. 접합 땜질용 은 5돈.** 搗鍊紙 2장. 황필 2자루. 참먹 1정. 白紙 1권. 隔襦袱감 홍광적 첩수대로 마련하여 재단해서 사용함. 묶음용 끈 2건에 들어가는 자적녹비 반령. 도련지 1장. 紅眞絲 1돈.

의궤	명칭	재료
	왜 주 홍 칠 내함	장식 및 자물쇠감 鍊黃銅 1근 10냥. 도금용 황금 3돈. **수은 2냥. 땜질용 은 5돈. 붕사 2돈.** 비상 2돈.
	은봉병 (銀鳳瓶)	도금용 황금 4돈. **수은 1냥 5돈.** 오미자 3되. 들기름 5홉. 艮水 3병. 팥비누 1되. 正鐵絲 18자. 비상 1냥. 백휴지 10냥. 붕사 5돈. 황밀 2냥. 송진 4근. 白鹽 3되. 산돼지 털 5돈. 땜질용 은 5돈.
	근배(졸杯)	標子 1개. 天銀 8돈. **수은 1냥. 붕사 5푼.** 비상 5푼. 오미자 5홉. 紅花水 반 병.
	황금잔	도금용 황금 3돈. **수은 1냥 8돈. 붕사 5푼.** 오미자 5홉. 소금 1되 5홉. 비상 5푼. 녹반 1냥. 염초 1냥.

〈표 6〉은 1759년(영조 35) 영조 정순왕후 가례 때 금보, 옥책, 호갑 등에 들어가는 재료 목록 중 도금과 땜에 필요한 장식품 재료를 추출해 정리한 것이다.[100] 이를 보면 수은과 붕사는 도금과 접합이 필요한 공예품에 빠짐없이 사용되고 있었음을 알 수 있다.

붕사 역시 수은과 마찬가지로 의약용으로도 활용되었다. 『산림경제山林經濟』에서는 "넘어져 혓바닥이 뚫리거나 끊어져서 피가 그치지 않고 나올 때는 미초米醋를 닭의 깃으로 찍어서 끊어진 곳을 쓸어 주면 그 피가 즉시 그친다. 그리고 이어 포황蒲黃·행인杏仁·붕사硼砂 조금씩을 꿀에 개어 먹이면 낫는다."고 소개하고 있다.[101] 또한 "신생아의 입안에 백

---

100) 『嘉禮都監儀軌英祖貞純王后 三房儀軌』 稟目秩.

설白屑이 끼어 젖을 빨지 못할 때에 백설 제거를 위해 웅황雄黃 3전, 붕사 2전, 감초 1전, 용뇌 2푼 반을 가루로 만들어 꿀물에 개어 발라주거나 마른 가루로 뿌려주면 오묘한 효과가 있다."고도 했다.[102] 붕사는 의주부 수검소에서 100근에 은화 100냥으로 환산하여 수세하였다. 청에서는 수은과 붕사를 수출금지 품목으로 묶어 두기도 했지만, 조선에서 비싼 가격을 주고도 수입했던 것은 모두 이 같은 사회적 필요성이 있었기 때문이었다.

3) 주홍

주홍은 붉은 색 계통의 안료로 주토朱土과 송연松烟과는 색감이 달랐다.[103] 주홍에 비해 주토의 색은 희미하여 조선에서는 주토 1푼에 송연 1푼을 섞어 색깔을 분명히 해 사용했다.[104] 따라서 주홍은 수입에 의존했는데 중국에서 수입한 것을 당주홍唐朱紅, 일본에서 수입한 것을 왜주홍이라 했다.

주홍은 생활 전 부문에 걸쳐 이용되었다. 주홍은 임금의 어보御寶을 찍는 인주의 원료였고,[105] 연輦의 바탕색이기도 했다. 창·장검·검의 자루와 칼집 등도 널리 쓰였다.[106] 거울을 넣는 경갑鏡匣, 상례喪禮에 사용하는 간자罕子에도 주홍을 사용하여 칠을 입혔다.[107] 여러 능陵의 제사에 들어가는 화초에도,[108] 말다래에도,[109] 화살대궁 전간箭幹에도 주홍색으

---

101) 『산림경제』 권3, 救急.

102) 『산림경제』 권3, 救急.

103) 『세종실록』 권49, 세종 12년(1430) 9월 8일(병오).

104) 『명종실록』 권14, 명종 8년(1553) 6월 9일. 중국의 홍토는 그 품질이 조선의 번주홍보다 좋았다(『燕行記事』(이갑, 1778) 문견잡기 잡기.

105) 『승정원일기』 인조 6년 5월 26일.

106) 『세종실록』 오례, 군례 서례, 병기 창·장검·검.

107) 『문종실록』 권1, 즉위년 3월 3일(정미).

로 장식했다.110) 건축물 정자의 기둥과111) 과거에서 응시자가 답안지를
낸 것을 역서관易書官이 별지에 옮겨 쓰는 주초朱草에도 쓰였다.112)

한편 주홍은 조선시대 중국 칙사의 영접, 왕의 행행行幸, 인산因山 등
중요 행차 시 앞길의 잡귀를 물리치는 나례儺禮에도 활용되었다.113) 따
라서 세종 때에는 진상하는 복식服飾과 어용기물御用器物 이외에는 주홍
칠을 하는 것이 금지되었다.114) 또한 사신을 맞이할 때 쓰는 창과 투구
도 검은 옻칠을 하고 주홍을 사용하지 말도록 했다. 이는 주홍이 우리나
라에서 산출되는 것이 아니었고,115) 비가 오거나 눈이 오면 쉽게 떨어져
나가버렸기 때문이다.116) 이에 세종은 요동에 잡혔다가 돌아온 김새金璽
의 정보에 따라, 장영실에게 금은 제련과 주홍을 생산하도록 지시하기
도 했으나 뜻을 이루지 못했다.117) 또한 전라도 금산군에서 석웅황이 발
견되었다는 보고가 있자, 윤성대尹成大과 은공銀工을 역마에 태워서 현지
로 파견하였는데, 결과는 신통치 않았던 것으로 판단된다.

따라서 주홍은 일본에서 예물로 바치면 그에 상응하는 물품을 내려
주거나 공무역 혹은 사무역을 허락하기도 했다.118) 특히 대마도주는 황
금과 주홍을 보내고 명주와 면포를 원하는 경우가 많았다.119) 때에 따라

---

108) 『세조실록』 권13, 세조 4년(1458) 7월 29일(갑인).
109) 『세조실록』 권19, 세조 6년(1460) 2월 3일(경술).
110) 『세조실록』 권34, 세조 10년(1464) 8월 6일(정해).
111) 『중종실록』 권26, 중종 11년(1516) 11월 15일(임진).
112) 『명종실록』 권14, 명종 8년(1553) 6월 9일(갑신).
113) 『태종실록』 권33, 태종 17년(1417) 6월 26일(경술).
114) 『세종실록』 권43, 세종 11년(1429) 2월 5일(신사).
115) 『세종실록』 권50, 세종 12년(1430) 10월 15일(임오).
116) 『세조실록』 권34, 세조 10년(1464) 8월 6일(정해).
117) 『세종실록』 권78, 세종 19년(1437) 7월 6일(갑오).
118) 『성종실록』 권33, 성종 4년(1473) 8월 17일(병자); 『성종실록』 권138, 성종 13
     년(1482) 2월 14일(계축); 『성종실록』 권283, 성종 24년(1493) 10월 21일(임오).
119) 『성종실록』 권181, 성종 16년(1485) 7월 1일(기유); 『성종실록』 권212, 성종 19

서는 유구국에서도 주홍을 매물로 가져오기도 했다.[120] 그런데 주홍의 수요는 왕실과 종친 및 고관들에게만 필요한 것은 아니었다. 1537년(중종 32) 사건은 이러한 상황을 짐작케 한다. 즉 장부상에는 제용감 주홍의 재고가 남아있는 것으로 적혀 있었지만, 고자와 색리가 주홍을 훔쳐 나가 실제로는 바닥이 나버렸다. 때문에 시중에서 다시 주홍을 구입해야 하는 사건이 일어났다.[121] 이는 주홍에 대한 수요가 상당히 높았고, 시중에서도 구매할 수 있을 정도로 널리 퍼져 있었던 상황을 반영한다.

중국에서 수입한 당주홍의 값은 상당히 고가였던 것으로 추측된다. 1617년(광해군 9) 당 주홍 600근은 무명 60동이었다.[122] 따라서 영건도감에 주홍을 비롯한 채색의 원료를 바친 자들에게 사행의 기회를 주는 특전을 베풀기도 했다.

> 영건 도감이 아뢰기를, "화원 이득의(李得義)가 주홍 6근 11량, 하엽(荷葉) 10근, 대록(大綠) 5근, 연지(臙脂) 8냥, 석자황(石雌黃) 11냥을 바치겠다고 하고, 역관 박인후(朴仁厚)는 이청(二靑) 4냥 5전, 삼청(三靑) 2냥, 주홍 9근, 하엽 10근을 바치겠다고 하고, 역관 김사일(金士一)은 주홍 3근, 하엽 20근을 바치겠다고 합니다. 현재 여러 전당(殿堂)을 한꺼번에 색칠해야 하는데 값이 비싼 당채(唐彩)는 계속 대기 어려운 걱정이 있을 듯하니 부득불 바치는 대로 받아서 써야 하겠습니다. 그런데 다만 각 사람들이 모두 임례룡(林禮龍)의 예에 의거하여 경사(京師)에 가고 싶어 하는데 도감에서 감히 마음대로 하지 못하겠기에 감히 아룁니다."하니, 전교하기를, "아뢴 대로 하라. 채색은 십분 정밀히 살펴 받아쓰도록 하고 품질이 떨어져 쓸 수 없는 채색은 일체 받아서 쓰지 말도록 각별히 살펴

년(1488) 윤1월 27일(임진);『성종실록』권238, 성종 21년(1490) 3월 13일(을축).

120) 『성종실록』권279, 성종 24년(1493) 6월 6일(무진).

121) 『중종실록』권83, 중종 32년(1537) 1월 23일(계묘).

122) 『광해군일기』권116, 광해군 9년(1617) 6월 25일(무오).

행하게 하라." 했다.[123]

조선후기 연행록에서도 중국의 주홍칠은 중국의 문화를 특징짓는 요
인으로 등장한다. 즉 서유문은 영평부를 지나면서 "남쪽의 한 누각의 모
양이 무척 빛나고 공교하니 무릇 삼층집이요, 가장 위층은 열두 모를 만
들고 모마다 아로새긴 문을 내었으니 금과 주홍칠을 하였으며, 우러러
보매 아득하고 빛나서 우리나라에서 보지 못한 모양이다."[124]라고 했다.
이덕무는 난수를 건너 행궁行宮을 짓는 모습 목격하고는 "누樓, 대臺, 낭
廊, 각閣이 있으며, 창과 난간도 영롱했다. 난간에는 남목楠木·자단紫檀·
화리花梨, 목단牧丹과 만卍자를 조각해 놓았다. 동우棟宇에는 은물·금물·
주홍으로 칠을 해서 매우 화려했다."고 했다.[125] 또한 북경에서는 주홍
먹을 구입해 오기도 했다.[126]

이처럼 주홍은 조선 사회의 높은 수요를 바탕으로 수입되었으며, 왕
실 용품 및 무기, 건축, 가구를 비롯한 각종 생활 용품을 만드는 데 널리
활용되었다. 그리고 이러한 수요가 바탕을 이루면서 각종 공예품을 만
드는 사장私匠도 성장할 수 있었다. 주홍은 의주부 수검소에서 100근에
은화 100냥으로 환산되어 수세되었다.

5. 맺음말

대청무역 연구는 그 동안 연행의 종류와 여정, 무역의 유형, 주요 무
역품과 무역 상인의 경쟁 구조 등에 초점을 두고 진행되었다. 따라서 정
작수출품과 수입품에 대한 본격적인 검토는 이루어지지 못했다. 이에

---

123) 『광해군일기』 권126, 광해군 10년(1618) 4월 28일(정사).
124) 서유문(1798), 『무오연행록』 권2, 무오년(정조 22) 12월 4일.
125) 이덕무(1778), 『청장관전서』 권66, 입연기 상 정조 2년 5월 9일(무진).
126) 김창업(1712), 『연행일기』 권1, 往來總錄 임진년(1712).

여기서는 조선의 수출입품에 대한 사회 경제적 배경과 문화사적 접근을 통해 무역의 성격을 추론해 보려고 하였다. 조선의 수출품은 중국에서의 수요에 중점을 두어 선택했고, 수입품은 완제품보다는 원재료나 반제품으로 수입되어 국내 각 산업과 연계될 가능성에 무게를 두어 선택했다.

수출품으로는 담배, 해삼, 홍삼을 검토 대상으로 했다. 담배와 해삼은 연행무역의 주 결재 수단인 인삼과 은화가 부족한 시기에 이를 대체 했던 잡물무역雜物貿易 물품 중 주력 상품이었다. 담배는 16세기 이후 중국 흡연 문화의 돌풍적 확산에 따라 주요 수출품 목록에 올랐다. 해삼은 중국에서 강장제로 인식되어 각종 요리에 높은 수요를 가지고 있었다. 또한 담배와 해삼은 세계 상품으로 동아시아 무역의 흐름을 이해하는 좋은 물종이기에 이번 검토의 대상이 되었다. 19세기 농산 가공품으로 조선의 대표 브랜드가 된 홍삼도 동일한 맥락에서 추가했다.

수입품으로는 모자, 수은, 붕사, 주홍 등을 검토대상으로 했다. 중국에서는 비단, 모직물, 약재류, 동식물, 광물을 비롯하여 각양각색의 물품이 들어오고 있었다. 모자는 중국 중후소에서 양털을 재료로 제작된 방한용품으로 1년에 은화 10만 냥 정도가 무역자금으로 투입된다고 할 정도로 대량 수입된 물품이었다. 그런데 같은 시기 조선에서도 각종 방한용구 제작업이 발전하고 있었으므로 이와 연관하여 검토 대상이 되었다. 수은, 붕사 등은 중국에서는 수출금지 품목이었다. 그렇지만 의주부 수검소에서는 수은은 100근에 은화 200냥, 붕사와 주홍은 100근에 은화 100냥으로 환산하고, 이에 의거하여 과세하는 규정까지 마련되어 있었다.

양란을 거친 조선 사회는 17세기부터 관영수공자인 관장官匠의 지배체제가 무너지기 시작하고 사장私匠이 그 역할을 담당하게 된다. 또한 18세기 조선은 정치·경제·사회적으로 안정되면서, 문화적인 면에서도 한층 성숙했다. 목칠木漆, 옥석, 금속, 회화, 도자기, 건축 부분은 물론 불교미술 분야에서도 불상, 불화, 범종이 활발히 제작되었다. 이에 수은, 붕

사, 주홍 등은 그 대부분을 수입에 의존해야 했지만, 도금·접합·칠 분
야뿐만 아니라 일상생활 다방면에 높은 수요가 있었다.

요컨대 연행무역을 통해 수입된 물품에는 분명 비단과 애완물愛玩物
등 왕실과 사대부 등을 위한 사치품이 있었다. 그러나 그렇지 않은 물품
도 상당수 있다는 사실을 알 수 있었다. 그중에는 조선 수공업계의 발전
을 자극하는 제품 제작에 필요한 원료와 그 공정에 필요한 여러 촉매제
가 포함되어 있었다. 국내의 사치성 소비재와 그것에 대한 수요는 그 사
회의 발전 정도에 따라 성장한다. 비록 그 수요에 필요한 원료는 수입에
의존할 수밖에 없었으나, 수입된 원료는 국내 산업 생산 수준을 끌어 올
리는 긍정적 영향을 끼쳤다. 조선후기의 수출품과 수입품은 이러한 측
면에서 새롭게 조명할 수 있는 가능성을 열고 있다.

이 논문은 수출입 품목에 대한 소재적 연구이다. 소재적 접근은 귀납
적 방법을 전제로 하기 때문에 추후의 연구를 기다려야 하는 제약이 따
른다. 특히 이 연구에서 다루지 못한 조선 종이류와 가죽류에 대한 검토
는 시급히 보충되어야 할 과제이다.

연행 과정의 食生活

김 혈 조 | 영남대학교 한문교육과 교수

1. 머리말

음식과 관련된 재미있는 일화들이 많이 생겨날 정도로 중국에는 그 음식이 맛있고 그 종류도 다양하다. 특히 그 맛과 독특한 향 때문에 중국은 가히 음식의 천국이라고 불려 왔다. 맛있는 중화요리를 일러서 청요리라고 부르는 언어습관이 있어 왔던 것처럼 우리에게 중국이라는 나라, 특히 청나라와는 음식과 뗄 수 없는 관계를 가져왔다. 그런데 조선시대 중국을 다녀온 사람들, 특히 연행(여기 연행燕行은 문자 표현 그대로 청나라 건국 이후의 북경을 다녀오는 것을 지칭함) 사신들도 그런 생각을 했으며, 중국에서 다양한 음식을 체험하였을까? 보다 근원적 질문을 하자면 연행 사신들의 식생활은 어떠했을까? 어떠한 음식을 먹었으며, 그 음식은 어떤 과정을 거쳐서 공급되었는가? 이 글은 이러한 지적 호기심에서 출발한다.

조선시대 연행은 그 임무나 성격에 따라서 사행 기간과 인원의 규모가 다를 수밖에 없었다. 예컨대 1712년(숙종 33년, 강희 51년) 타각打角의 자격으로 연행에 참여하여 연행일기를 남긴 김창업金昌業에 의하면 당시 연행의 규모는 사람이 541명이 참여하였고 말이 435필이 동원되었으며, 사행기간은 146일 이었다고 한다. 말의 숫자는 사람이 타는 말과 짐을 싣고 가는 말의 총수이다. 그 정도의 규모는 연행의 역사에서 최대의 규모 중의 하나가 되겠거니와, 일반적으로는 그 규모보다는 작게 구성이 된다. 대체로 250여 명의 상하 인원이 사행단으로 꾸려지고 200여 필의 말이 동원되어 4~5개월의 시간이 소요되는 것이 일반적이다.

그런데 이 인원이 한양에서 북경까지의 왕복 거리 6,300여 리를 이동하고, 4,5개월을 중국에서 체류하는 데에는 해결해야 할 문제가 하나 둘이 아니다(물론 연행단의 모든 인원이 한양과 북경을 왕복하는 것은 아니다. 잡역을 담당하는 일꾼이나 하인, 장사를 위해 떠나는 상인 등 많은 인원은 의주에서 꾸려진다). 한양

에서 의주까지의 왕복 2,100리를 제하더라도 왕복 4,200여 리의 길을 250
여 명의 사람과 200여 필의 말이 움직인다는 것은 대단히 어려운 문제이
다. 특히 식생활은 필수불가결의 중요한 문제이다. 또한 사행단은 주어
진 사행로를 이탈하지 않고 이동해야 하며, 규칙적으로 행동해야 한다
(조선시대에 사행의 길을 가능한 신속하게 갈 수 있는 지름길을 택할 수 있도록 명나라에
건의하기도 했으나 중국은 군사상의 이유를 들어서 거부한바 있다).

　따라서 먹는 문제를 아무 때나 자유롭게 할 수 있는 것이 아니고, 일
시에 함께 먹고 함께 이동해야 하는 것이 원칙이다. 오늘날처럼 대규모
의 인원을 수용해서 식사문제를 해결할 수 있는 식당이나 시설이 있었
던 것도 아니다. 도대체 그 많은 사람과 말이 먹을 음식과 건초의 문제
를 어떻게 해결했을까? 게다가 중국에 가지고 갈 조공의 물품까지 준비
운반하여할 터인데, 이들의 물량을 어떻게 수송했을까? 실로 만만찮은
문제가 연행 사절단의 뒤에 있었던 것이다.

　연행 사신은 국가의 공적 임무를 수행하는 특별한 사람들이므로 개
인의 사적 여행과는 근본적으로 다르다. 연행 사신단은 곧 오늘날 특사
와 같은 신분이므로 그에 상응하는 예우가 수반되어야 함이 물론이다.
특히 식생활 문제와 같은 가장 기본적인 것에 대해서 더욱 그러하다. 중
국이 음식을 조리하여 연행단에 제공한다면 200여 명 규모라 하더라도
시간을 절약하여 신속하게 이동할 수 있을 것이며, 사행단에 낀 하층의
사람들도 먹는 문제로 인한 노역을 그 만큼 줄이게 된다. 결국 사행에
동원되는 사람도 줄게 되고 사행의 전체 규모도 축소해서 운영할 수 있
을 것이다.

　중국에서는 연행 사신들의 식사 문제를 어떻게 대처하였는가?『열하
일기』의 한 대목을 통해서 그 실상을 엿보기로 한다.

　　　통역을 맡은 이가 와서 보고하기를
　　　"밀운성(密雲城)의 지현(知縣)이 음식을 보내왔습니다. 밥 한 동이, 채

소와 과일을 합해서 다섯 쟁반, 돼지고기·양고기·거위·오리고기 다섯 쟁반, 술과 차를 합해서 다섯 병에다, 땔나무와 말먹이건초까지 바친다고 가져왔습니다."

라고 하니, 정사는

"땔나무와 건초는 받지 않을 도리가 없다만, 밥과 고기는 우리 주방도 있는데 꼭 폐를 끼칠 필요까지야 있겠는가? 받아야 할지 말아야 할지는 부사와 서장관에게 물어서 결정하도록 해라."

고 지시하자, 수역이 나서서

"중국에 들어왔을 때 동팔참(東八站)부터는 의례 음식을 제공받았습니다만, 다만 이렇게 익힌 음식을 제공받지는 않았습니다. 지금 이 밀운성에 도로 돌아오게 된 것이 비록 뜻밖에 이루어진 일입니다만, 그가 주인이 된 처지로서 손님에게 대접하는 음식을 보내왔으니 장차 무슨 말을 하며 물리칠 수 있겠나이까?"

라고 한다. 부사와 서장관이 들어오면서

"황제의 뜻을 알지도 못하면서 어찌 주는 음식을 덜컥 받아서야 옳겠습니까? 돌려보내는 일이 마땅하겠습니다."

라고 하니, 정사도

"옳은 말이네."

하고, 즉시 명을 내려 받기 곤란하다는 뜻을 깨우쳐주게 하였다.

십여 명의 인부가 한 마디 군소리도 없이 음식을 함께 짊어지고는 모두 가버렸다.[1]

인용문에서 주목해 볼 몇 가지 사항이 있다. 방점을 친 부분이 그 내용이다. 이를 통해서 중국에서 조선 사행들의 식사 문제를 어떻게 해결했는가를 추론할 수 있다.

---

1) 박지원, 「漠北行程錄」 『열하일기』, 8월 6일자 일기.

방점을 친 순서대로 내용을 검토해본다. 첫째, 우리의 주방이 있으니 굳이 폐를 끼쳐가면서 음식을 받을 필요가 있냐고 하면서 음식을 거절한 사실을 통해서, 사행은 자신들의 음식을 주방에서 직접 조리하여 식사를 해결하였음을 짐작할 수 있다. 곧 사신이 이동할 때는 이동식 주방이 함께 수행하여 가동되었던 것이다. 둘째, 음식을 받아도 무방하다는 이유를 말하면서 중국에 들어왔을 때 동팔참東八站부터 구례에 따라 음식을 제공 받았으나 다만 익힌 음식을 받지 않았다고 한 말은, 중국에 입경한 이후에는 가공하지 않은 음식, 즉 식자재를 중국으로부터 제공받았다는 사실을 의미한다. 동팔참이란 책문에서 요양의 백탑보白塔堡 혹은 십리하十里河까지를 말하는데, 동팔참부터 식자재를 받았다는 말은 바로 중국의 입구인 책문부터 받았다는 말이다. 따라서 사신 일행은 중국에 입경한 뒤부터 북경에 이르기까지 중국으로부터 식자재를 제공받았다는 사실을 알 수 있다. 셋째, 음식 거절의 명분을 황제의 뜻을 모른다고 한 발언을 통해서 가공된 음식이라도 황제의 명이 없으면 받지 않았다는 사실을 알 수 있다. 이를 통해 사신 일행은 황제의 명이 있을 때는 가공된 음식을 받았다는 사실을 알 수 있으며, 그렇지 않은 경우에는 조리된 음식을 공식적으로 받을 수 없다는 사실을 짐작할 수 있다.

결국 연행 사신은 중국에 입국한 이후 특별한 경우를 제외하고는 공적으로 가공된 음식을 대접을 받지 못하였으며, 다만 중국에서 제공하는 식자재만을 공급받아 우리의 주방을 이용해서 자취하였다는 사실을 알 수 있다. 이런 현상은 일본에 갔던 통신사의 사정과는 아주 다른 대조적인 모습이다. 통신사 일행은 일본에 도착하여 이동하는 경로를 따라서 그 지방의 수령이 술자리와 식사자리의 음식과 그 숫자를 규정해 놓고 있음에 비해서[소위 753선(膳)이 그것이다.2] 중국은 식자재를 제공하니

2) 黃㦿의 東槎錄에 753膳에 대해서 이렇게 설명하고 있다. "잔치 때에는 753 제도가 있다. 처음에 7그릇이 담긴 반을 올리는데 물고기 또는 채소를 가늘게 썰어 높이 괸 것이 마치 우리나라의 과일 반(盤)과 같다. 다음에 5그릇

알아서 조리해 먹으라는 것이다. 물론 통신사 일행이 전적으로 음식을
대접 받은 것은 아니다. 숙수가 함께 따라갔고, 일본의 식자재를 제공
받아서 조리를 하기도 하였지만, 기본적으로 중국의 사행과는 달랐음이
물론이다. 어떤 대우가 더 푸대접인가는 따져 볼 문제이지만 어쨌든 외국
사행에 대한 의식이나 태도가 양국이 근본적으로 달랐음을 알 수 있다.

위의 내용을 통해서 조선 사행이 중국에서 식사 문제를 어떤 방식으
로 해결했는가를 대체적으로 짐작할 수 있겠는데, 이제 이를 보다 본격
적으로 따져보기로 한다.

2. 식생활의 실제

2-1.

연행 사신이 한양에서 출발하여 의주義州에 도착하기까지의 숙식은
연로에 있던 각 고을의 객사客舍에서 해결하였다. 한양에서부터 출발하

이 담긴 반을 올리고 다음에는 3그릇이 담긴 반을 올리는데, 물새를 잡아서
그 깃털을 그대로 둔 채 두 날개를 펴고 등에 금칠을 하며, 과실·물고기·
고기 등에 모두 금박(金箔)을 올린다. 잔을 바치는 상에는 반드시 전채화(剪
綵花, 깎아 만들어서 색칠한 꽃)를 쓰며, 혹 나무로 새겨서 만들기도 하는데
천연색 꽃과 아주 흡사하다 …. 성대한 잔치에는 흰 목판 및 질그릇에 금·
은 칠한 것을 쓰는데, 끝나면 정(淨)한 곳에 버리고 다시 쓰지 않는다. 금·
은으로 생선·고기·국수·떡 위에 칠한다. 잔치 자리에 두루미·날기러기
를 찬으로 하지 않으면 결례가 되는 것으로 여긴다. 물새를 잡아 그 깃털을
그대로 두고 양 깃을 편 채로 말려서 금·은 칠하는데 성대한 잔치에 베푼
다. 채색비단을 잘라서 꽃을 만들기도 하고, 더러는 칼로 나무를 깎아서 색
칠 하여 화초 모양을 만들어 잔치 자리에 놓는데 정교하기가 진짜에 가까
워서 다섯 걸음 밖에서는 그 진위를 가릴 수 없다. 찬을 올리고 술을 돌릴
때마다 으레 소장(小將)을 시켜서 한다." 김상보·장철수(1998), 「조선통신사
를 포함한 한일 관계에 있어서 음식문화의 교류」『한국식생활문화학회지』
에서 번역 재인용.

는 사람은 삼사 이하 역관에 이르기까지 사행단의 상층부 중심인물에 속하므로 그 숫자는 그렇게 많지 않았을 것이고, 따라서 숙식에 따르는 문제도 그다지 크지 않았을 것으로 생각된다. 또 국가의 공적 임무를 수행하는 사신이므로 각 관청에서 숙식을 제공하는 것은 당연하다. 『목민심서牧民心書』「예전禮典」의 빈객조賓客條에 중국의 칙사나 우리의 사신에 대해서 어느 정도로 공궤할 것인지를 밝히고 있거니와, 그러나 실제로는 관이나 부민富民에게 부담이 될 정도로 요란하게 접대하였던 것이 역사적 사정이었다. 특히 삼사는 고위 관료 혹은 종실 출신이었기 때문에 연도의 수령들이 홀대할 수 없음은 물론이고, 또 학연이나 인척 관계로 얽혀있기 때문에 정해진 객관이나 기타 특별한 장소에서 융숭한 대접을 받았다. 연도의 수령은 물론, 근처의 다른 수령까지 와서 문안을 하고 여러 가지를 공궤하였다.

한양에서 의주까지는 대체로 한 달이 소요되었으므로 일정도 그렇게 촉박하지 않아서 연행 사신으로서 고달픔을 느끼기보다는 여행하는 즐거움을 누릴 수 있었다. 홍제원弘濟院에서 공식적 송별연을 가진 이후에 본격적인 사행이 시작되지만, 한양과 의주 사이에 있던 객관은 객관끼리의 거리가 그렇게 멀지 않았기 때문에 육체적 피로나 긴장을 느끼지 않았던 것으로 보인다.3) 한양에서 의주까지의 체험을 기록하고 있는 연

---

3) 한양에서 의주까지의 숙소 이름과 그 이정을 표시하면 다음과 같다.
　한양 - 고양 벽제관(碧蹄館 한양부터) 40리 - 파주 파평관(坡平館 벽제관부터) 40리 - 장단 임단관(臨湍館) 30리 - 개성부 태평관(太平館) 40리 - 금천 금릉관(金陵館) 40리 - 평산 동양관(東陽館) 60리 - 총수 보산관(寶山館) 30리 - 서흥 용천관(龍泉館) 50리 - 검수 봉양관(鳳陽館) 40리 - 봉산 동선관(洞仙館) 30리 - 황주 제안관(齊安館) 40리 - 중화 생양관(生陽館) 50리 - 평양 대동관(大同館) 50리 - 순안 안정관(安定館) 50리 - 숙천 숙녕관(肅寧館) 60리 - 안주 안흥관(安興館) 60리 - 가산 가평관(嘉平館) 60리 - 정주 신안관(新安館) 60리 - 곽산 운흥관(雲興館) 30리 - 선천 임반관(林畔館) 40리 - 철산 차련관(車輦館) 50리 - 용천 양책관(良策館) 30리 - 소관 의순관(義順館) 40리 - 의주 용만관(龍灣館) 30리. 모두 1,050리이다.

행록의 이 부분은 여행하는 사람의 가벼운 심경이 느껴질 정도로 그 내용이 비교적 단조롭다.

잘 차린 음식, 기생 및 장교로 구성되어 진행되는 의주부윤의 송별연을 뒤로 하고 사행이 압록강을 도강한 이후부터는 본격적으로 사행의 길이 시작된다.[4] 도강 이후부터 책문에 이르기까지의 120리 땅은 두 나라의 접경 지역으로 여기에는 민가가 없다. 마치 비무장지대처럼 두 나라 사이에 있는 중립 지역이므로, 어떠한 시설도 없다. 따라서 이 지역을 통과하는 이틀 동안은 노숙할 수밖에 없으며, 식생활도 야외에서 해결해야 한다. 노숙하는 장소는 정해진 장소가 특별히 없으며 일정의 상황에 맞추어 임시방편으로 정할 수밖에 없는데, 대체로 구련성九連城 주변과 금석산金石山 근처에서 노숙을 하였다.

따라서 숙식할 일체의 장비를 사행단 스스로 챙겨가야 함이 물론이다. 노숙에 필요한 장막은 물론, 취사에 필요한 일체의 장비나 식자재를 준비해서 가지고 가야 했다. 솥, 도마, 칼 등과 같은 주방기구에서부터 음식을 담을 기명은 물론 심지어 수저 같은 것도 모두 준비해야 하고, 식자재 역시 조선에서 가지고 가야 했다. 이 물량은 한양에서부터 준비하여 가지고 가는 것은 아니고, 대체로 의주에서 조달한 것으로 보인다. 후술하겠지만, 개인이 특별히 준비해가는 음식물이나 기타 물품을 제외하고는 물류 이동의 문제로 가능한 의주에서 장만하는 것이 통례였다. 250여 명의 인원이 먹고 자고 할 물량과 그에 준하는 말의 건초까지 준비해서 가져가야 한다. 뿐만 아니라 중국 황실에 바칠 공물과 연로의 중국 관원에게 줄 예단까지 합하면 그 물류의 양은 실로 엄청났었다.

노숙할 때 취사는 누가 담당하였는가? 삼사의 경우에는 각 방房마다 전문 숙수가 있어서 이들이 배행하면서 취사를 담당하였다. 이 숙수는

---

4) 도강 전에 벌어지는 기생과 장교들의 의식에 대해서 박지원의 『열하일기』
　　에는 아주 소략하게 '뱃머리에서 차례로 하직 인사를 한다.'라고 묘사한 반
　　면에, 김창업의 『연행일기』에는 그 절차를 소상하게 묘사하였다.

곽산郭山 선천宣川 정주定州 숙천肅川 의주義州 평양平壤 용천龍川 등의 관
서 지방의 관노들로 차출 구성되었다. 숙수는 각 방마다 2명이 배속되
고, 부방副房과 삼방三房의 경우는 합해서 2명이 배속되는 것이 관례이다.
이 두 명의 전문 숙수가 각 방에 딸린 식솔들의 음식을 책임진다. 이압李
坤 의『연행기사燕行記事』에 의하면 당시 함께 갔던 숙수는 평양노 법석法
石과 용천노 칠월금七月金이란 인물이었는데, 이들은 각각 자신들의 말을
타고 갔다고 했다. 이 숙수는 식자재, 주방기구 등의 물량의 관리 감독
을 책임지는 건량마두 등의 인원과 함께 식사를 마치면 식자재와 주방
기구를 챙겨서 삼사의 사행보다 먼저 다음 목적지로 출발하고 도착하여
음식을 미리 조리하게 함으로써 이동을 효율적으로 진행되게 하였다.

식사를 하는 단위는 삼사의 경우 각 방별로 이뤄지고, 그 외에 인원
들 예컨대 만상灣商 등은 자기들끼리 적당히 인원을 배정하여 자취하였
다. 1798년에 서장관으로 따라갔다가 한글연행록『무오연행록』을 남긴
서유문徐有聞의 기록에 의하면 역마, 쇄마구인 등은 7~8명씩 동무同侔하
여 해먹는다고 했다. 식사를 하는 단위의 규모를 보기 위해 각 방은 어
떻게 구성되었는지 살펴본다. 특히 정사의 상방上房을 보기로 한다. 다
음은 1712년 임진년 동지사겸사은사로 김창집金昌集이 정사가 되었을 때
의 상방의 구성 인원이다.

정사正使 : 김창집.
군관軍官 : 절충장군 김창엽金昌曄, 건량청 역마부 성현역자省峴驛子 조
　　　　　효량曹孝良과 구인驅人 1명, 노자奴子 1명이 딸림.
전 부사 김석보金錫保, 역마부 경양역자景陽驛子 김옥석金玉石.
전 군수 유정장柳貞章 역마부 대동역자大同驛子 의발儀發.
타각打角 : 진사 김창업金昌業, 역마부 祥雲, 驛子 全業曄.
반당伴倘 : 강위양姜渭陽 만상灣上의 고지기[고직庫直].
노자奴子 : 무득無得 건량 고지기임, 덕세德世, 억손億孫 임국충任國忠의

구인驅人.

상기마上騎馬 1필의 마부 : 수성역자輸城驛子 배영만裴永萬

중기마中騎馬 3필의 마부 : 성환역자成歡驛子 김수현金水玄, 송나역자松羅驛子 정잔노미鄭自卩老味, 금정역자金井驛子 이학용李鶴龍.

농마籠馬 1필의 마부 : 은계역자銀溪驛子 백용원白龍元.

서자書者 : 숙천관노肅川官奴 효석孝石.

마두馬頭 : 의천관노宣川官奴 준원俊元.

인로引路 : 서흥관노瑞興官奴 일상日尙, 가산관노嘉山官奴 재봉再奉.

교자부축較子扶囑 : 용천관노龍川官奴 득량得良, 의천관노宣川官奴 홍세홍世弘, 가산관노嘉山官奴 이영二永, 정중正中.

일산봉지日傘奉持 : 서흥 관노 만춘萬春.

좌견마左牽馬 : 용천 관노 득방得芳.

농마두籠馬頭 : 서흥 관노 사원士元.

건량마두乾糧馬頭 : 용천 관노 대직大直.

주자廚子 : 곽산관노郭山官奴 준석俊石. 의천관노宣川官奴 일관一官.

군뢰軍牢 : 의주義州 김상건金向建, 평양平壤 이만二萬.

이상에서 살펴보듯, 상방에 속한 인원은 정사를 포함하여 총 36명이고 여기에 숙수廚手 곽산관노郭山官奴 준석俊石과 의천관노宣川官奴 일관一官이 포함되어 있다. 이 숙수 2명이 상방 36명의 음식을 책임진다.

다음에 노숙과 식사 준비를 하는 모습을 살펴보기로 한다. 먼저 인용하는 것은 동절기의 노숙하는 모습으로, 김창업의 『연행일기』의 내용이다.

구련성(九連城)에 도착하니 날이 이미 저물어 어둑어둑하였다. 만상(灣上) 군관이 먼저 와서 천막을 쳐 놓았다. 천막은 융단(毛氈)으로 만들었고, 그 모양은 종(鐘)을 엎어 놓은 모양인데, 일산처럼 말고 펼 수 있다. 그 곁엔 장막을 둘러쳤고 앞엔 판자문을 달았다. 이것은 바로 몽고의 장막으로, 모양이 둥근 몽고 집과 같으며, 그 안에는 대여섯 명이 누울 수 있다. 바닥엔 잡풀을 깔고, 그 위에 털로 만든 방석과 요를 깐 뒤에 이불과 베개를 놓고 불을 켜고 앉으니 어엿한 하나의 방이 되었다. 주방 사람이 저녁밥을 내왔는데 반찬이 간결하여 좋았다. 부사와 서장관은 모두 개가죽으로 만든 구피장막(狗皮帳幕)에 들었다. 세 천막의 거리는 10여 보였다.[5]

동절기 난방을 고려한 숙소에 대해서 비교적 소상하게 묘사하고, 반면에 음식에 관해서는 소략하게 말하였다. 어디서 어떻게 조리를 했는지 하는 내용은 생략하고, 반찬이 적었으나 정결해서 먹을만하다고 했다. 다음 인용문은 하절기의 모습으로, 『열하일기』의 한 대목이다.

　　노숙하는 여러 처소를 둘러보았다. 역관들은 세 사람이 한 막사를, 혹은 다섯 사람이 한 장막을 쳤고, 역졸과 마부들은 다섯 명씩, 혹은 열 명씩 시냇가에 나무를 얽어매어 자리를 잡았다. 밥 짓는 연기가 서로 이어졌고, 사람이 떠드는 소리, 말울음 소리로 어엿하게 마을 하나를 이루었다. 용만에서 온 장사치인 만상(灣商) 한 패거리들은 자기들끼리 한 곳에 자리를 잡았는데, 시냇가에서 수십 마리의 닭을 씻고, 투망을 하여 물고기를 잡아 국을 끓이고 나물을 볶으며, 밥알은 자르르 윤기가 나는 것이 가장 푸짐하고 기름졌다.[6]

노숙하는 장면이 마치 캠핑을 나온 것처럼 묘사되어 있다. 사행의 공식 인원인 삼사와 역관 군관 등의 인물 이외에도 장사를 위해 따라갔던 만상, 송상 등의 상인까지 합하면 사행의 인원은 앞에서 말한 숫자보다도 훨씬 상회할 것으로 보이는데, 그 많은 숫자가 노숙을 하며 밥을 해

---

　5) 김창업, 『老稼齋燕行日記』 권1, 11월 26일 條 일기.
　6) 박지원, 「渡江錄」『열하일기』, 6월 24일 條 일기.

먹는 광경은 상상을 초월하는 모습일 것이다. 이 행렬이 북경까지 간다는 것은 달리 이야기하자면 하나의 큰 마을이 계속 이동하는 모습과 같은 것이다.

2-2.

책문에 들어서면 이제 거기부터 중국 땅이다. 여기서부터는 중국에서 제공하는 식자재를 받아서 취사를 하게 된다. 사행은 책문에 들어가기 1일 전에 청역淸譯을 책문에 보내어 사행이 다음날 책문에 들어간다는 사실을 성문을 지키는 사람에게 말하게 하고, 그로 하여금 봉황성의 성장城將에게 사행의 보단報單, 명단과 규모를 통지하게 한다. 봉황성에서는 이 보단을 근거로 하정下程; 숙식에 필요한 물품을 지급함을 하게 된다.

사람마다 기본적으로 매일 각각 소미小米 2되升刊를 받고, 말은 마초馬草 2속束을 받는다고 한다. 중국의 한 되는 우리의 두 되에 해당하는 양이라고 한다. 식량으로 지급되는 쌀은 날짜를 계산하여 봉황성鳳凰城, 심양瀋陽, 산해관山海關에서 일괄 지급된다. 즉 봉황성에서는 심양에 도착하기까지의 쌀을, 심양에서는 산해관에 도착하기까지의 쌀을, 산해관에서는 북경에 도착하기까지의 쌀을 각각 계산하여 지급한다. 사행은 이렇게 일괄 지급된 쌀을 수송하면서 이동한다. 사행을 호위하는 중국의 군관들 역시 그 기준에 맞추어 되돌아가게 규정되어 있어서 봉황성에서 따라온 군관은 심양까지 왔다가 심양에서 돌아가는데, 쌀의 지급이 이와 관련이 있는 것 같다. 반찬거리로 지급되는 닭고기, 돼지고기, 술 및 말의 건초는 매일 도착하는 역참驛站에서 지급한다. 쌀과 찬거리의 지급은 돌아올 때도 마찬가지의 방법으로 지급된다.

연도의 각 참에서 연행사에게 하정下程되는 물품의 종류와 양을 소상하게 살펴보면 다음과 같다. 김경선金景善의 『연원직지燕轅直指』에만 기록된 내용이다.

　　상사와 부사에게는 날마다 각각 수도미(水稻米) 2되, 생선 1마리, 두
부 2근, 엄채(醃菜; 김치) 2근, 백염(白鹽) 2냥, 다엽(茶葉) 3냥, 나무[柴] 19
근이 제공된다.

　　만일 종친[宗班]이 정사일 때에는 수도미 2되, 거위[鵝] 1마리, 닭 3마
리, 생선 3마리, 돼지고기 5근, 두부 3근, 엄채 3근, 우유(牛乳) 1동이[盆],
홍시(紅柿) 15개, 황랍촉(黃蠟燭) 3자루, 빈과(蘋果; 사과) 15근, 생리(生梨;
배) 15개, 대추 1근, 가공 우유[奶酥] 3냥, 수분(水粉; 쌀무리) 1근, 초[醋] 4
냥, 마늘 10개, 청장(淸醬) 4냥, 반장(盤醬) 3냥, 생강 5냥, 백염 2냥, 향유
(香油; 참기름) 3종지, 나무 30근이다.

　　서장관은 수도미 2되, 생선 2마리, 두부 2근, 엄채 1근, 백염 2냥, 다엽
2냥, 나무 15근이다.

　　대통관(大通官)은 백미(白米) 1되, 황육(黃肉; 쇠고기) 1근 반, 닭[年雞]
1마리, 엄채 반 근, 반장 3냥, 백염 8냥, 등유(燈油) 1냥, 다엽 1냥, 황주(黃
酒) 1병, 나무 10근이다.

　　압물관(押物官)은 모두 백미 1되, 황육 1근, 엄채 반 근, 반장 2냥, 소
금 2냥, 등유 2종지, 다엽 1냥, 나무 10근이다.

　　종인(從人) 30명은 각각 백미 1되, 황육 반 근, 엄채 4냥, 기름 1종지,
소금 2냥, 나무 4근이며, 말[馬]은 매 마리마다 매일 콩[太] 4되, 풀[草] 2다
발, 나무[柴] 2근이다.[7]

　　위의 내용은 1832년의 하정 품목이고, 그 이전에는 왕조별로 혹은 시
기별로 지급되는 품목과 그 양이 약간의 차이가 있었던 모양이다. 그 상
세한 내역이 『명회전明會典』과 『대청회전大淸會典』의 예부禮部에 규정되어

---

7) 김경선, 「出疆錄」『연원직지』, 11월 22일 條 일기.

있다. 그런데『대청회전』의 내용은 보다 상세하게 품목이 규정되어 있으며, 사신의 역할에 따라서 지급되는 품목의 종류와 양이 다르게 되어 있다. 만수절이나 동지사 겸 사은사로 간 사행이 보다 나은 대접을 받았던 것으로 보인다. 또한 조선은 중국에 조공을 바치는 주변의 다른 나라에 비해서 중국으로부터 비교적 우대를 받았다.

사행이 북경에 도착하면 식자재는 보다 품목이 많아지고 그 양이 풍성해진다. 호부戶部에서는 식량을 제공하며, 공부工部에서는 시탄柴炭, 마초馬草, 기명器皿을 제공하고, 광록시光祿寺에서는 각종 찬거리와 음료, 과일 등을 제공한다.『열하일기』에 의하면 북경에 도착한 다음날 아침에 조선관 앞에 이를 실은 수레가 일제히 몰려들었다고 한 것을 보면, 북경에서의 하정은 예부에 올리는 보단을 근거로 도착한 다음날부터 지급된 것으로 보인다. 다음에 북경에서의 하정下程 내용을 인용한다.

　　정사에게 매일 지급되는 관의 식자재로는 거위 한 마리, 닭 세 마리, 돼지고기 다섯 근, 물고기 세 마리, 우유 한 그릇, 두부 세 근, 백면(白麵; 흰 밀가루, 메밀가루인지 불분명함) 두 근, 황주(黃酒;곡식으로 담은 도수가 약한 누런 술) 여섯 병, 김치 세 근, 녹차잎 넉 냥, 오이지 넉 냥, 소금 두 냥, 맑은 간장 여섯 냥, 단 간장 여덟 냥, 식초 열 냥, 참기름 한 냥, 후추 한 돈, 등유(燈油) 세 그릇, 초 세 자루, 연유 석 냥, 세분(細粉;고운 가루) 한 근 반, 생강 다섯 냥, 마늘 열 통, 능금 열다섯 개, 배 열다섯 개, 감 열다섯 개, 말린 대추 한 근, 포도 한 근, 사과 열다섯 개, 소주 한 병, 쌀 두 되, 땔나무 열 근, 3일마다 몽고 양 한 마리이다.

　　부사와 서장관에게는 매일 두 사람 몫으로 양 한 마리, 거위 각각 한 마리, 닭 각각 한 마리, 물고기 각각 한 마리, 우유 합해서 한 그릇, 고기 합해서 세 근, 흰 가루 각각 두 근, 두부 각각 두 근, 김치 각각 세 근, 후추 각각 한 돈, 차잎 각각 한 냥, 소금 각각 한 냥, 맑은 간장 각각 여섯 냥, 단 간장 각각 여섯 냥, 식초 각각 열 냥, 황주 각각 여섯 냥, 오니지 각각 넉 냥, 향유 각각 한 냥, 등유 각각 한 종지, 쌀 각각 두 되, 능금 합해서 열다섯 개, 사과 합해서 열다섯 개, 배 합해서 열다섯 개, 포도 합해서 다섯 근, 말린 대추 합해서 다섯 근인데 과일은 닷새에 한번 지급한다. 부사에게는 매일 땔나무 열일곱 근을, 서장관에게는 매일 열다섯 근의 땔나무를 지급한다.

통역관 세 사람과 물자 수송관 스물네 명에게는 매일 닭 한 마리, 고기 두 근, 흰 가루 한 근, 김치 한 근, 두부 한 근, 황주 두 병, 후추 닷 푼, 차잎 닷 돈, 맑은 간장 두 냥, 단 간장 넉 냥, 향유 네 돈, 등유 한 종지, 소금 한 냥, 쌀 한 되, 땔나무 한 근을 각각 지급한다.

황제에게 상을 탈 자격이 있는 사람 서른 명에게는 매일 고기 한 근 반, 흰 밀가루 반 근, 김치 두 냥, 소금 한 냥을 각각 지급하고, 향유는 합해서 여섯 종지, 황주는 합해서 여섯 병, 쌀 각각 한 되, 땔감 각각 네 근을 지급한다.

상을 탈 자격이 없는 이백스물한 명에게는 매일 고기 반근, 김치 네 냥, 식초 두 냥, 소금 한 냥, 쌀 한 되, 땔감 네 근을 지급한다.

위의 인용문은『열하일기』의 것인데, 이 기록은 연암보다 4년 앞서서 연행을 했던 이압李坤 의『연행기사燕行記事』의 내용과 일치한다. 품목과 양, 나열된 품목의 순서까지 정확하게 일치하는 것으로 보아서 연암의 기록은 자신의 눈으로 확인하고 정리했다기보다는 기존 연행록의 그것을 그대로 베낀 것으로 추측된다.

연암의 기록에 의하면 이 품목과 양은 허봉許篈의『하곡조천록荷谷朝天錄』에 수록된 것보다 많아졌다는 사실을 알 수 있다.『하곡조천록』에는 쌀 1석石 8두斗, 돼지고기 36근, 술 90병, 차 5근 10냥, 염장鹽醬 각각 9근, 기름 4근 8냥, 화초花椒 9냥, 채삼菜蔘 15근이 5일에 한 번씩 제공되었다고 하였는데, 연암의 기록은 이것과는 비교가 되지 않을 정도로 양과 종류가 많아지고 다양해졌다. 명나라에 비해 청나라에서 조선 사행을 더 우대하였기 때문에 이렇게 되었는지는 확실하지 않으나, 보다 품목이나 양이 많아지고 그 규정도 세분화된 것은 사실이다.[8] 청나라에서는 세조世祖 순치順治 연간에 하정에 대한 규정을 정비하였으며, 그 뒤에 언제인지 정확하게 알 수는 없으나 다시 한 차례 개정하였다. 『통문관지』속록에 규정하고 있는 것이 개정된 내용인데, 그 시기는 대략 건륭 연간쯤으로 짐작이 된다. 개정 전후로 그 품목과 양이 달라졌을 뿐 아니라, 개정 전에는 종실 출신의 정사를 우대하여 따로 하정의 품목과 양을 두었던 데에 비해서 개정 후에는 이 별도의 규정을 없앴다. 말하자면 종실 출신이라 하더라도 더 우대하지 않고 평준화하였던 것이다.

연암이나, 이압의 연행은 건륭 연간에 이루어졌으므로 『통문관지』속록의 규정과 일치해야 할 터인데, 실제로는 약간의 차이를 보이고 있다. 품목과 그 양이 조금씩 차이가 나는데, 예컨대 이압의 『연행기사』에는 매일 양 한 마리를 주어서 삼사가 함께 쓰도록 되어 있다고 기록하고 있으나 『통문관지』에는 이에 대한 언급이 없다.

이상은 일상적으로 지급하는 식자재이며, 이 정기적 하정 이외에 특별한 하정도 있다. 사신이 북경에 있을 때 명절이나 제석除夕을 만나면 자리[석廗] 5좌座, 거위 3마리, 닭 2마리, 술 3병, 차 3통을 공동으로 주고, 정사에게 양 2마리, 물고기 10마리, 술 1병, 부사와 서장관에게 합해서 양 3마리, 물고기 각 10마리, 술 각 1병, 대통관大通官과 압물관押物官에게 합해서 양 4마리, 돼지고기 1근, 술 5병, 물고기 각기 2마리를 준다고 하였다. 또 특별한 식자재가 생기면 황제의 명을 받아 광록시에서 보내기도 하는데, 예컨대 심황어鱘鰉魚; 철갑상어 같은 품목을 받은 경우도 있었다. 그런데 사신들은 중국에서 제공한 식자재를 이용하여 식생활을 하였

---

8) 이압은 청나라가 사신으로 오는 숫자를 줄이고, 하정의 세목을 일일이 규정한 이유를 "청나라의 인색하고, 公私의 용도를 일체 절감하고 저울 눈금만한 것과 물방울만한 것도 빠뜨리지 않아, 사행을 공궤하는 양식까지도 모두 아끼는 정책을 썼다."라고 하였다. 그는 오히려 명나라에 비해서 사신 대접이 못하다고 본 것이다.

을까? 식자재를 받긴 하였지만 삼사는 이를 이용하지 않았다는 기록이
있어 흥미롭다. 서유문의 한글연행록『무오연행록』에 다음과 같은 내용
이 그것이다.

> 봉성(鳳城)에서부터 일행(一行)에게 양식과 반찬을 주는 것이 있으
> 니, 사신은 쌀이 두 되씩이요, 차차 감하여 하인은 한 되씩이 되니, 대국
> 한 되가 우리나라에 서 되가 된다 하며, 반찬은 제육을 삼방에 각각 하
> 루씩 돌려주며, 그나마 잡물은 자세히 모르며, 말도 한 필에 곡초(穀草)
> 두 묶음씩 준다 하더라. 봉성서 심양(瀋陽)까지와 심양서 산해관(山海
> 關)까지와 산해관서 북경(北京)까지 차차 마련하여 준다 하니, 사행이
> 전부터 받아 쓴 일이 없으니 처음은 먹기를 부끄러워 않은 일이요, 그
> 후는 전례(前例)되어 거론(擧論)하는 일이 없으니, 통관과 영관(領官)과
> 우리나라 만상군관(灣上軍官)과 군뢰(軍牢)의 무리가 서로 받아 먹었다
> 하며, 영송관(迎送官)은 은(銀)을 7, 8냥이나 주고 자리를 사 온다 하니,
> 사행에서도 주는 것이 있거니와 참참이 고을서 예사(例事) 주는 것이 또
> 있다 하더라.[9]

중국에서 제공하는 식자재의 품목과 공급 방식에 대해서 개략적으로
이야기하면서, 방점을 찍은 부분의 언급처럼 중국의 식자재를 받기는
하였으나 사행(삼사)은 받아서 쓴 일이 없고 단지 통관, 영관, 만상군관,
군뢰 등이 이를 받아서 먹었다고 했다. 사신이 받지 않은 이유를 중국의
식자재를 받는 것이 수치스러운 일이고, 또 그렇게 해 온 것이 관례가
되어 왔기 때문이라고 하였다. 무엇 때문에 중국의 하정을 수치로 여겼
는가? 사신 접대에 대한 규정이 양국의 문헌(『통문관지, 명회전, 대청회전』)에
명문화되어 있다면 주고받는 것이 오히려 전통의 관례일 터인데, 이를

---

9) 서유문,『무오연행록』11월 24일 條 일기. 『국역 연행록선집』 7권, 48면 원문
을 전재함. 고전번역원, 1976년 간행.

거부했다고 하는 것은 말로 설명할 수 없는 까닭이 필연적으로 있었을 터이다.

사신이 중국의 식자재를 이용하지 않은 것이 명나라 시절부터 청나라 때까지 이어온 전통인지는 확실하지 않으나, 서유문의 연행이 1798년에 이루어졌고 그것이 관례가 되었다고 표현한 것을 보면 혹, 청나라의 하정이기 때문에 특별히 거부한 것은 아닐까 하고 추측해본다. 춘추의리 정신이 여기에도 작동한 것으로 보인다. 서유문의 연행록은 그 문체나 행간에 보이는 작가의 의식은 그보다 18년이나 앞서 연행을 했던 박지원의 『열하일기』와는 사뭇 다르다.

사신이 중국에서 제공하는 식자재를 이용하지 않았다면, 어떤 식자재를 이용하여 식사 문제를 해결했는가? 조선에서 마련하여 가지고 간 식자재를 연행 기간 동안 가지고 다니면서 이를 이용하기도 했을 것이고, 또 연로에 있는 현지의 식자재를 매입하여 충당하기도 했을 것으로 보인다. 삼사가 중국의 하정을 이용하지 않는 문제와는 별개로 사행은 본시 조선에서 여러 가지 식자재를 공식적으로 혹은 사적으로 준비해 가지고 갔으며, 또 현지에서 생산되는 식자재를 매입하여 취사에 활용하였다. 이에 대한 기록이 여러 연행록에 산발적으로 많이 언급되고 있는데, 준비해가는 식자재와 현지조달의 식자재를 나누어 다음에 살펴보기로 한다.[10]

식자재에서 가장 중요한 품목인 쌀은 선천宣川, 곽산郭山, 가산嘉山의 것을 건량미로 준비하여 갔다. 김창업의 기록에 의하면 북경에 들어가서는 더욱 밥맛이 없어서 밥을 제대로 먹을 수 없었으며, 율무죽과 소주로 끼니를 때웠다고 했다. 그 이유를 주방의 숙수가 게을러서 조리에 제대로 신경을 쓰지 않은 탓도 있고, 근본적으로 물맛이 나쁜데다가 좋은 쌀을 쓰지 않은 탓이라고 했다. 우리의 쌀에 중국의 쌀을 섞어서 밥을

---

10) 여기 음식 품목은 연행록의 기사에서 적출한 것이다. 이 품목과 관련한 여러 가지 일화는 생략하고 그 품목만 제시한다.

지었던 모양인데, 우리의 건량미가 수도미水稻米인데 비해서 중국의 쌀은 산도미山稻米(밭벼의 쌀)이어서 기름지지 않기 때문이었다. 세폐미歲幣米으로 바치는 조선의 쌀은 중국에서도 인기가 있어서 오직 황제만이 먹었으며, 민간에서는 조선의 쌀을 귀중하게 여겼다. 김창업과 교유를 한 북경의 한 인사가 김창업에게 조선 쌀 구하기를 청하여 두 되를 특별히 보내주었다는 사실을 특기하고 있는 것을 보아서도 조선의 쌀은 중국인에게도 인기가 있었다.

반찬의 종류로 가져간 것은 그 품목이 매우 다양하였다. 찬 종류 이외에도 술과 꿀 같은 음료와 요기를 할 수 있는 약과藥果(과줄), 다식茶食과 같은 건과류乾菓類도 준비하였다. 계피와 꿀을 섞어 만든 계당주桂糖酒과 품질이 좋은 꿀인 백청白淸은 음료로 준비해가는 품목이며, 약과와 유밀면油蜜麵, 잣떡, 전약煎藥(동짓날에 먹는 음식의 하나. 쇠가죽을 진하게 고아서 꿀과 관계(官桂)·건강(乾薑)·정향(丁香)·후추 따위의 가루와, 대추를 쪄서 체에 거른 고(膏)를 섞어 푹 끓인 후에 사기그릇에 담아 굳힌 것)은 밥 대신에 먹을 수 있는 부식이다.

반찬은 말린 것과 소금에 절인 것과 같은 밑반찬이 그 대종을 이룬다. 고사리(백이숙제 사당에서의 의식을 위함), 인삼, 대추, 홍합, 육포, 말린 꿩고기, 전복, 살조개(홍요주(紅瑤柱)), 건해삼, 석어石魚(조기), 증곤포蒸昆布(찐 다시마) 등등은 말려서 가지고 가는 품목으로, 반찬이나 술안주로 주로 이용하였다. 배추, 무, 동과(동아), 오이 등은 소금에 절인 상태로 가져갔다. 특히 볶은 고추장은 휴대할 만큼 미각을 돋우는 중요 품목이었다. 고추장의 변질을 우려하여 볶아서 이를 대나무 통에 넣고 밀봉하여 가져갔다. 이 고추장을 자주 애용했음은 물론, 특히 귀국길에서 지치고 입맛을 잃었을 때 이를 내놓으면 청심원淸心元이라는 소리를 들을 정도로 귀중하게 취급하기도 하였다. 한편 사행은 중국에서 밑반찬을 직접 만들어서 가지고 다니기도 하였다. 콩잎을 간장에 담아서 말렸다가 이를 국을 끓이는데 사용하기도 하였다고 한다.

　이런 밑반찬 종류는 우리 사행이 먹으려고 준비해가는 것이 물론이지만, 때론 사적으로 중국인에게 나누어주기도 하였다. 그 정도로 많은 양을 준비했으며, 사행을 위해 철저한 계획과 준비가 있었음을 짐작하게 한다. 약과와 다식을 나누어주자 중국인들이 서로 받으려고 아우성을 쳤다고 기록할 정도로 인기가 있었으며, 그리하여 중국인이 우리의 음식에 대해서 호기심을 가지기도 하고, 그 조리법을 묻기도 하였다고 한다. 전약煎藥의 조리법을 묻고는 조리 방법을 적은 종이를 가져간다든지, 황자皇子가 동과산冬瓜蒜이 있느냐 묻기도 하여 만드는 방법을 적어 보내기도 하였다. 심지어 황자가 조선 사행의 밥상 차림을 보고자 하여 우리 주방에서 그대로 차려서 보내기까지 하였다는 사실을 보면, 사행을 통하여 한중의 음식문화가 서로 교류하고 있었다는 사실을 알 수 있다.

　현지에서 조달한 식자재는 어떠한 것인가? 그 지역에서 주로 생산되는 물품을 구입했을 것이 물론일 터인데, 중국사람 중에는 일 년에 몇 차례 지나가는 이 사행단을 겨냥하여 장사를 전문적으로 하는 무리들도 있었다고 한다. 예컨대 조선인이 꿩고기를 좋아한다고 여겨 사행이 지나는 길목에 꿩을 미리 비축해두고 사행을 기다리고 있었다는 것이다. 사행이 숙박하는 장소의 문전에는 항시 장사꾼들로 북적였다. 중국에서의 첫 숙박지인 봉성鳳城에서부터 쌀, 콩, 땔감, 반찬을 파는 사람과 수레가 숙소의 주변에 진을 치고 있었다는 사실로 볼 때, 조선 사행을 상대로 상행위를 한 무리들이 많았음을 알 수 있다. 특히 소주를 파는 사람이 가장 많았다고 하는데, 그들은 조선 사행에 낀 사람들이 어떤 심리 상태에 있는가를 짐작할 정도로 상행위에 뛰어났다. 외국에서의 시름과 객고를 달래기 위해 특히 술이 많이 소요된다는 사실을 알았던 것이다.

　국수, 당면, 젓갈 등과 같이 1차 가공된 식품을 구입하였으며, 대부분은 원자재를 구입하여 우리의 방식으로 조리해 먹는 방식을 취하였다. 국수는 사다가 우리의 방식으로 끓여 고명과 육수를 넣어서 먹었으며, 젓갈은 주로 감동젓(곤쟁이젓)에 대한 언급이 많은데 오이를 버무려 먹기도 하고 돼지고기 수육을 찍어먹는 장으로 쓰기도 하였다. 감동젓은 우리 서해안의 것과 같아서 맛이 아주 좋았다고 평했다. 사행이 지나가는 길이 내륙지방일 때는 주로 꿩고기 메추리고기 사슴고기 등과 같은 육류에서부터 각종 야채 과일이 구입의 주된 품목이고, 해안가 혹은 강을 낀 지방에서는 어패류가 그 주종을 이루었다. 붕어, 잉어, 눕치, 백어(뱅어), 연어, 방어 등등의 수많은 어류 종류와 죽합竹蛤(맛조개), 저합苧蛤(모시조개) 등의 패류가 자주 등장하는 품목이다.

또한 가공된 음식으로 조선식의 김치, 동치미, 장(된장) 등의 발효식품도 있었는데, 이것은 대부분 병자호란 때 잡혀간 조선인의 후손들이 파는 물품이었다. 특히 중국인이 파는 된장은 맛이 없어서 조선식 된장을 사서 이용하였다. 중국은 콩(대두(大豆))과 밀(소맥(小麥))을 섞어서 장을 만들기도 하고 더러 팥(소두(小豆))을 섞어 만들기도 해서 맛이 없으며, 시장에서 파는 장은 대부분 팥을 섞어 만든 것이므로 맛이 더욱 없었다고 한다. 따라서 조선식의 된장이라야 입맛에 맞았기 때문에 이를 찾았던 것이다. 조선인의 후손들은 동족에 대한 그리움 때문에 무료로 제공하는 경우도 있었지만, 생활을 위해 전문적으로 만들어서 팔기도 하였다. 겨울에 떠났던 사행의 연행록에는 동치미에 대한 언급이 자주 나오는 편인데, 그 맛에 대한 품평도 구구각각이다.

식자재를 매입할 때는 은화를 사용하기도 하였으며, 조선에서 준비해 간 꿩고기, 종이, 칼, 부채 등을 필요로 하는 물품과 서로 바꾸는 물물교환의 방식을 취하기도 하였다. 북경에 머물 때 쓴 반찬값이 은 백 냥이 넘어 여비가 부족하다고 건량마두가 고민했다는 기록을 보면, 북경은 여러 가지 물화가 집산하는 곳이므로 특히 식자재 구입비용이 과다했음을 알 수 있다.

이상의 식자재를 가지고 사행은 이동 중에는 역참의 찰원察院에서 취사를 하였고, 북경에서는 사행의 숙소인 옥하관, 남관 혹은 서관의 조선관에서 취사하였다. 이동 중에는 찰원에서 취사를 하는 것이 원칙이었으나, 찰원의 사정, 혹은 기타 사정으로 민가를 빌려서 하기도 하였다. 홍대용의 기록에 의하면 "봉성鳳城에서부터 서쪽으로는 모든 주부州府의 공참公站의 어디나 조선관朝鮮館이 있다. 이것을 찰원이라고 하여 일행의 편의를 제공하게 한 것이다."라고 하여, 모든 고을의 관청에는 역참이 있고 거기에는 조선관이라는 숙박시설이 있어 사행의 편의를 제공하였다.

연암에 의하면 강희 황제 때 33개의 역참을 만들었다고 한다. 그러나 33개의 역참을 분명하게 밝혀 놓은 연행록은 없다. 『열하일기』에는 숙박한 지명을 표시해놓고 있으나, 그곳이 역참인지 혹은 공식 숙소인 조선관인지 하는 분명한 언급이 없다. 숙박지를 표시하고 있는 다른 연행록의 경우도 마찬가지여서 대체로 이 역참을 표시하고 있는 것으로 판단되지만, 역시 분명하지는 않다.

다음에 네 가지 연행록에 나타난 숙박지를 도표로 제시한다. 1712년 김창업의 『연행일기』, 1765년 홍대용의 『연기』, 1776년 이압의 『연행기사』, 1780년 박지원의 『열하일기』를 차례로 제시한다. 김창업과 박지원의 경우, 앞의 지명은 점심을 한 장소이고 뒤의 지명은 숙박지이다. 역참에서 중식을 하고 숙박을 하였을 것이므로 이를 통해 역참의 위치를 대체적으로 파악할 수 있을 것으로 보인다. 이압의 경우 숙박지의 성씨를 밝힌 것은 그 집에서 민박을 했다는 뜻이다.

다음의 도표에서 알 수 있듯, 점심을 한 장소와 숙박한 곳이 구구각각인 것 같으나 사행로를 따라가면서 일정한 궤적을 그리고 있다. 사행이 하루에 이동할 수 있는 거리를 감안하여 역참을 세웠을 것이다. 역驛, 참站, 소所 등이 있는 지명에 찰원이 있었던 것으로 추정된다. 책문에서 요양요동 근처의 백탑보 혹은 영수사迎水寺까지를 동팔참東八站이라고 부르는데 동쪽의 여덟 개의 역참이라는 뜻이다. 그런데 그 동팔참조차 여덟 개의 역참이 불분명하게 되어 있다.

김창업과 박지원의 연행은 서로 70여 년의 차이가 나지만 점심을 먹은 장소와 숙박을 한 곳이 거의 일치함을 볼 수 있다. 네 가지 연행록을

	金昌業 『燕行日記』1712년	洪大容 『燕記』1765년	李坤 『燕行記事』1776년	朴趾源 『熱河日記』1780년
1	柵門, 鳳凰城 察院	柵門	柵門(봉황성)鄂姓	柵門, 鳳凰城
2	乾子浦, 松店	松站	松站, 吳姓	봉황성, 松站
3	八渡河, 通遠堡	通遠堡	通遠堡, 盧姓	黃河庄, 通遠堡
4	草河口(杳洞), 連山關	連山關	連山關, 張姓	草河口, 連山關
5	甛水站	狼子山	甛水站, 瑞姓	甛水站, 狼子山
6	狼子山	新遼東	狼子山, 盧姓	冷井, 遼陽(映水寺)
7	冷井, 新遼東	十里舖	新遼東, 張姓	爛泥堡, 十里河
8	爛泥堡, 十里河	瀋陽	十里堡, 朴姓	白塔堡, 瀋陽
9	白塔堡, 瀋陽	邊城	瀋陽, 文姓	大方身, 孤家子
10	大方身, 孤家子	周流河	邊城, 劉姓	小黃旗堡, 白旗堡
11	小黃旗堡, 白旗堡	大白旗堡	白旗堡, 張姓	二道井, 小黑山
12	二道井, 小黑山	二道井	小黑山, 劉姓	中安浦, 新廣寧
13	中安浦, 新廣寧	小黑山	新廣寧, 金姓	閭陽驛, 十三山
14	閭陽驛, 十三山	新廣寧	十三山, 吳姓	大凌河店
15	大凌河店, 小凌河店	十三山	高橋堡, 馬姓	松山堡, 高橋堡
16	松山堡, 高橋堡	小凌河	寧遠衛, 韓姓	連山驛, 寧遠城 밖
17	連山驛, 寧遠城	高橋堡	東關驛, 李姓	沙河所, 東關驛
18	沙河所, 東關驛	寧遠衛	兩水河店-站, 劉姓	中後所, 前屯衛
19	沙河站, 兩水河	東關驛	紅花店, 劉姓	中前所, 紅花舖
20	中前所, 山海關	兩水河站	榆關, 劉姓	范家庄, 榆關
21	鳳凰店, 柳關	山海關	永平府, 吳姓	背陰堡, 永平府
22	背陰堡, 永平府	榆關	沙河驛 紀雲飛	夷齊廟, 沙河驛 밖
23	夷齊廟, 沙河驛	永平府	豊潤縣 성밖, 張姓	榛子店, 豊潤城 밖
24	榛子店, 豊潤城	沙河堡	玉田城 밖, 石姓	沙流河, 玉田城 밖
25	沙流河, 玉田城	豊潤縣	邦囷店, 劉姓	宋家庄, 邦囷店
26	蜂山店, 薊州	玉田縣	燕(煙)郊舖, 吳姓	東西棗林, 烟橋堡
27	邦囷店, 三河縣	薊州	南舘	管家庄, 西舘
28	夏店, 通州	三河縣		
29	八里舖, 북경	通州		
30		南舘(북경)		

비교해보면, 같은 역참인데도 어떤 연행록에서는 숙참으로 어떤 연행록에서는 중화참中火站으로 사용한 경우가 있다. 대체로 점심을 지어먹는 역참과 숙박하는 역참이 일정하게 구분되어 운영이 되었을 터인데, 연행의 속도나 사정에 따라서 역참의 기능이 달라지기도 했던 것을 알 수 있다. 말하자면 숙박지는 절대적인 기준이 없이 상황에 따라서 얼마든지 융통해서 이용할 수 있었음을 알 수 있다.

그런데 찰원에는 반듯한 주방이 있어서 편리하게 이용할 수 있었던가? 다음의 기록을 보면 반드시 그렇지만은 않았다는 사실이 드러난다.

> 송참(松店)에 이르러 찰원(察院)에 들어갔다. 사방의 주위는 담으로 에워싸여 있고 한 쪽 면(面)이 7, 80호 가량이었다. 좌우에 온돌방(炕)이 있는 어떤 집에 상사와 부사가 나누어 들었고 서장관은 부사와 함께 같은 캉에 들었다. 주방은 담 아래에 장막을 둘러쳐서 설치하였다. 딸린 구실아치와 일꾼들은 모두 찰원 밖에 나가 민박을 하였다. 역쇄마(驛刷馬)와 개인이 소유한 말의 마부들은 찰원 안에서 노숙하였고, 여비가 있는 사람들은 모두 바깥으로 나갔다.[11]

사행단이 어떻게 숙소를 배치했는가 하는 상황을 상세히 설명하고 있거니와, 찰원에는 주방이 따로 없었음을 알려주고 있다. 담 아래에 휘장을 치고 주방을 임시로 설치하였다는 말은 찰원의 건물 내부에 적당한 주방시설이 없었음을 말한다. 말하자면 사행이 숙박하는 장소로 만들어진 공적 숙소에도 주방 시설은 달리 없었다는 것이다. 찰원이 그 지경이면, 그 밖의 시설은 불문가지이다.

이 찰원을 이용하는 데 따르는 사용료를 지불했는지 여부는 정확히 알 수 없다. 그러나 찰원에 숙박하면서 필요한 물은 사서 이용하였다는

---

11) 김창업, 『연행일기』 권1, 11월 29일 條 일기.

기록이 있다. 소흑산小黑山의 찰원은 집이 크고 깨끗하며 방이나 새로 깐
자리가 마음에 들었으나, 우물과 찰원이 너무 멀었기 때문에 물값이 너
무 비쌌다고 한 것을 보면, 물을 사서 사용했으며 찰원에는 우물이 없었
다는 사실을 알 수 있다. 찰원 안에 우물이 없는 것은 소흑산 찰원만의
특수한 사정인지는 알 수 없으나, 어쨌든 찰원이 숙박시설로서 모든 조
건을 완벽하게 갖추어진 것이 아님을 알 수 있다.

숙박시설의 경우에도 반드시 정해진 공관, 즉 찰원察院에서만 숙박해
야 되는 것은 아니었다. 비록 찰원에서 숙박하는 것이 관례이고 공적이
긴 했으나, 경우에 따라서는 그곳을 비워두고 사적인 공간을 빌려서 숙
소로 사용하기도 하였다. 이른바 민박이다. 다음 담헌의 기록에서 확인
할 수 있다.

> 팔도하(八渡河)의 여관집 주인은 성(姓)이 노(盧)가인데, 10일 갈이의
> 밭을 갖고 있었다. 해마다 서속(黍粟) 4~5십 석씩을 추수하는데, 금년은
> 홍수의 수재를 당하여 겨우 10여 석밖에 추수를 하지 못하였다고 했다.
> (중략)
> 십리보(十里堡)의 여관집 주인은 성이 장(張)가이고, 아우 3사람이 있
> 는데 모두 부호였다. 3사행(使行)이 그 형제들의 집에 나누어 들었는데,
> 대문 위에 '무요자위(婺耀慈幃)'라는 편액이 붙어 있었으며, 높다란 집에
> 다 창문마다 조각을 한 좋은 집이었다.[12]

인용문에서 말하는 여관집이란 오늘날과 같은 숙박업을 전문으로 하
는 그런 여관이 아니다. 노盧가의 집처럼 농사를 짓는 집이거나, 장張가
와 같은 부호의 집인데, 이는 요즈음의 민박과 같은 개념으로서의 숙소를
의미한다. 왜 조선관과 같은 공적인 숙소를 버려두고, 민폐를 끼치거나 혹

---

12) 홍대용, 「沿路記略」 『담헌서』 외집 8권.

은 경비가 소요되는 민박을 택하였을까? 역시 담헌의 말을 인용한다.

> 사행들이 매양 온돌방(炕)이 엉성하고 찬 까닭으로 반드시 다른 사사
> 로운 데로 나가서 머물렀던 것이다. 이 때문에 찰원(察院)이 모두 허물어
> 지고 황폐한 채 수리를 하지 않고 있는데, 오직 수평부(永平府)의 관사만
> 은 웅장하고 화려하여 금자(金字)의 편액이 걸려 있고, 안팎 뜰의 꽃나무
> 들이 울창하였다. 대개, 들리는 말로는, 황제가 심양으로 거둥하던 도중
> 여기에 이르러 관사가 많이 파괴된 것을 보고 지부(知府)의 관직을 파면
> 시킨 일이 있었는데, 이때부터 수리를 유독 잘 하여, 매양 사행이 올 때
> 면 관에서 침대와 책상이나 기물들을 갖추어 가지고 나와서 대기하고 있
> 다가, 사행이 사사로운 집으로 들게 되면 그때야 거두어 가지고 간다고
> 했다.13)

난방이 필요한 겨울철에는 공관인 찰원에서 묵지 못하고 온돌칸이
따뜻한 사처를 잡는다고 했다. 공관은 시설이 형편이 없을 뿐 아니라,
난방조차도 해결할 수 없었던 사실을 보여주는 글이다. 그리하여 역참
은 갈수록 황폐해지고, 수리조차 하지 않음으로서 이제 민박을 하는 것
이 도리어 관례가 되었던 것으로 보인다. 사정이 그러하기 때문에 역참
을 관리할 의무가 있는 관원도 사행이 도착할 무렵이 되어서야 숙박에
필요한 집기를 형식적으로 구비했다가, 사신이 사처에 숙소를 정하면
그것마저 환수해 간다고 했다. 이 말은 결국 공적인 숙박지는 형식적으
로 운영하고 있으며, 평소에는 건물을 비워두고 숙박에 필요한 기본 집
기조차 비치하지 않았다는 뜻이다.
위의 숙박지 도표에서 이압李押 의 연행록에는 숙박지 주인의 성씨가
모두 기록되어 있는 바, 이는 전적으로 민박에 의존했다는 의미로 받아

---

13) 주 6)과 같음.

들일 수밖에 없다. 동절기의 연행이라는 사실을 감안하더라도, 민박에 의존한다는 사실은 사행길이 얼마나 고달픈가를 의미하는 것이며, 이를 통해 청의 조선 사신에 대한 예우의 정도를 짐작하게 해주는 부분이다. 연도의 찰원만 시설이 열악했던 것이 아니었다. 북경의 남관, 서관 역시 우리 사행의 선두가 먼저 도착하여 창문을 직접 발라서 추위를 대비했다는 기록을 보면, 사행이 어떤 대접을 받았던가를 짐작할 수 있다.[14] 연암이 "사관으로 든 서관西館이 미처 수리를 다 하지 않았고, 창호지가 찢어지고 떨어졌으며, 새벽에 또 바람이 차서 감기가 약간 들어 음식을 먹을 수가 없었다."[15]라고 말한 것을 보면 숙소가 얼마나 낙후되고 한심하였던가를 알 수 있다. 요컨대 사신에 대한 푸대접이 이 숙소문제를 통해서도 드러나는 대목이다.

민박의 사용료는 은자銀子을 주기도 하고, 조선에서 준비해간 장백지壯白紙, 부채, 환약 등의 물건으로 사례하기도 하였다. 점심식사를 위해 잠시 이용하는 경우에도 장지壯紙과 부채를 턱없이 요구했고, 하루를 자는 경우에는 은자 2냥을 받았다고 한다(1798년). 당시 소 한 마리의 값이 은자 20냥 전후였다는 물가를 고려하면 은자 2냥이 적정가인지 판단할 수 있겠다. 민박하는 집에서 더러 사행의 일원에게 음식을 대접하기도 하지만, 이 경우에도 그 값에 상응하는 물건을 지불하였다고 한다. 민박 집에서 요리를 조리하여 내왔다는 것은 일종의 식당업까지 겸한 것으로 볼 수 있는바, 자신의 집에서 요리를 만들었을 것이므로 사행은 민박집의 주방을 이용하지 못하고 찰원에 묵었을 때처럼 별도로 주방을 만들어서 이용했음을 짐작할 수 있다.

연암 일행이 북경에서 열하로 갈 때는 그 사이의 지역에는 사행을 위한 역참이나 찰원이 있었던 것은 아니었다. 열하는 조선 사신으로서는 처음으로 가는 곳이었으므로, 사신을 배려한 숙소가 있을 수 없었다. 더

---

14) 이압, 『연행기사』, 12월 27일 條 일기 참조 바람.
15) 「관내정사」, 『열하일기』, 8월 2일자 일기.

구나 사신이 열하로 가게 된 것도 황제의 즉흥적 결정으로 이루어진 것
이므로 사신을 맞이하는 데 따르는 여러 가지 문제를 미리 조치할 수도
없었다. 그리하여 일행은 식사도 제대로 챙길 수 없는 상황에다, 가능한
빨리 도착하려는 데 목적이 있었기 때문에 숙소 문제는 더더욱 신경을
쓸 수 없었다.

북경을 출발하여 손가장孫家庄, 밀운성密雲城, 고북구古北口, 화유구樺榆
溝 등에서 관운장 사당이나 점방을 빌려서 취사를 하고 하룻밤을 보냈
다. 황제는 군기대신軍機大臣을 미리 보내어 사신 일행이 빨리 오도록 강
물을 먼저 건너게 하는 등의 편의를 제공해주기는 하였으나, 잠자리나
음식 문제 등과 같은 생활 문제까지 해결해준 것은 아니었다. 정해진 숙
소도 없었고, 연로의 지방관도 사행의 사정을 모르고 있었기 때문에 사
람 일흔네 명과 말 쉰다섯 필의 자고 먹는 문제가 대단히 구차할 수밖에
없었다.

열하에 도착한 일행은 열하의 태학太學을 숙소로 배정받았다. 열하에
도 외국 사신을 위한 영빈관의 시설이 특별히 없었기 때문에 태학을 임
시숙소로 이용했던 것이다. 열하의 태학은 연암이 도착하기 한 해 전에
신축한 것으로 북경의 태학과 같은 규모로 지은 것이라고 한다. 태학의
명륜당 주변의 각 재齋에서 숙박하며, 취사는 주로 진덕재進德齋에서 이
루어졌다. 화려하고 사치한 신축 건물을 우리나라 주방 사람들이 연기
로 그을리고 더럽히게 되어 참으로 애석하다고 연암이 말한 것을 보면,
취사는 숙박 장소와 아주 가까운 곳에서 편의로 하였음을 알 수 있다.

이상에서 연행록을 통해 식자재와 취사 장소에 대해서 일별해보았으
나, 그러나 사행 일원이 하루에 몇 끼의 식사를 하였는가를 구체적으로
밝혀놓은 연행 기록은 없다. 예컨대 『열하일기』에서는 아침 식사에 대
한 언급은 없고 어디에서 중화中火을 하였고 어디에서 숙박을 했다는 식
으로만 기술하고 있고, 김창업의 『연행일기』에는 아침 일찍 출발하여 몇
십리를 가다가 어디에서 조반朝飯을 하고 저녁에 숙박은 어디에서 했다

는 식으로 기술하고 있다. 김창업의 조반朝飯이라는 표현이 아침과 점심을 겸하는 중간식이어서 실질적으로 연암의 중화中火과 같은 표현인지는 불분명한데, 두 사람 모두 아침 식사를 했다는 말은 없다. 다만 조반早飯이라는 언급이 몇 차례 있는데, 이는 정식으로 아침을 먹기 전에 이부자리에서 간단하게 먹는 죽 같은 음식을 먹는 것을 말한다. 이 정도의 기록을 가지고서는 아침, 점심, 저녁의 세 끼를 꼬박 직접 취사를 해서 음식을 제공했는지, 아니면 하루에 두 끼만을 직접 취사했는지 분명하게 알 수는 없다.

2-3.

다음에는 중국에서 조리된 음식을 제공한 경우를 살피기로 한다. 조리된 음식은 특별한 경우에, 예컨대 어떤 의식을 거행하는 자리에 제공되기도 하고, 혹은 어떤 의식에서 사용했던 음식의 일부를 별도로 제공하기도 하며, 명절을 맞아서 제공하기도 하였다. 책문, 심양, 산해관 등에서 관문을 통과할 때에는 작은 주안상 혹은 다담상을 내와서 입관入關하는 예를 거행했는데, 그야말로 형식적으로 대접하는 것이어서 요리다운 것이라 할 수 없다. 또한 북경에 도착했을 때와 떠날 때 소위 하마연下馬宴과 상마연上馬宴이라는 연회가 있어서 약간의 요리를 대접받는다. 그러나 본격적인 요리는 아니고 역시 간단한 술안주에 불과하였다. 하마연은 일종의 환영회인데, 순치順治 이전에는 숙소인 회동관에서 거행되었는데 중국의 상서尙書이 나와서 환영하며 술이 나오고 잡희雜戱을 베풀었으며, 순치 이후에는 예부에서 행하는데 역시 상서가 참예하며 찬을 담은 연회의 상을 올리고 낙차酪茶와 소주를 대접하였다. 환송연인 상마연 역시 거행되는 의식과 음식은 하마연과 별 차이가 없었다.

음식다운 음식은 설날 하루 전날 밤인 제석除夕에 광록시에서 보내온 것들이다. 이는 황제의 명에 의한 것이고, 관례가 되어 있었다. 따라서 조선 사행단은 저녁에 의례적으로 세찬이 온다는 것을 알고서 이를 기다리기도 했으며, 밤이 깊었는데도 나오지 않으면 통관을 광록시에 보내서 독촉하기도 하였다. 삼사에게 내리는 품목이 있고, 원역員役에게 내리는 품목이 따로 있었다. 삼사에게 내린 품목은 다음과 같다.

> 저녁 때에 광록시로부터 음식을 차려 보내었으니, 세 사신에게 한 탁자씩이요, 탁자마다 마흔 다섯 그릇씩을 올렸으되, 그 그릇이 다 백철(白鐵)로 만들어 크기가 작은 쟁반만 한지라, 탁자가 크되 그릇을 다 포개어 놓았더라. 실과는 날밤·대추·호두·사과·용안(龍眼)이요, 빙당(氷糖; 얼음사탕, 겉모양이 얼음처럼 된 사탕으로 빙사탕이라고도 함, 필자 주)·칠보당(七寶糖)·오화당(五花糖; 볶은 콩과 쌀가루를 버무려 5색으로 물들여 만든 과자 이름, 필자 주) 같은 유(類)요, 떡이 열네 가지로되 모양이 각각 다르나 맛은 한 가지요, 겉은 볼만하나 먹을 것은 없으며 고기는 돼지고기 한 마리라. 서반(序班) 세 사람이 함께 가지고 왔거늘, 세 방에서 각각 종이와 부채를 주어 보내니라.[16]

세 사신에게 각각 한 상씩, 한 상에 사용하는 접시의 수는 45개, 접시는 백철, 주석으로 된 것을 사용하는 것이 정해져 있었으며, 내리는 음식의 양과 품목도 정해져 있었다. 그러나 실제는 조금씩 달랐다. 연행록의 기록마다 품목이나 양이 다르게 기록되어 있으며, 통관들이 음식이 전년보다 조악粗惡하고 그릇 수 역시 줄어든 것을 불평하였다는 기록을 보면 그 편차가 컸던 모양이다. 위의 인용문에서는 육류가 돼지고기 한 마리라고 했으나, 김창업의 연행에는 삶은 거위 한 마리가 고작이었다고 했으며, 이압의 연행에는 양이 2마리씩이었다고 하였다. 그런데 대부분의 연행록에는 여기 나오는 과자 종류와 떡은 맛이 없어 입에 대지 않았

---

16) 서유문, 『무오연행록』, 국역연행록선집, 제3권 153면에서 인용. 고전번역원 간행.

다고 한다.

황제의 생일날 전후하여 음식을 내리기도 하였다. 연암의 일행은 열하에서 황제가 내려주는 음식을 받았다. 황제의 조찬 수랏상에서 물린 것을 받은 경우와 만수절 전날과 당일에 축하반열에 참여한 각국의 사신에게 음식을 내린 경우이다. 수랏상에서 물려서 내린 음식은 다음과 같다.

> 황제의 식사를 맡은 내옹관(內饔官)이 황제가 내리는 요리 세 그릇을 가지고 왔다. 백설기 떡과 같은 설고(雪糕)와 돼지고기구이, 과일 종류이다. 설고와 과일은 누런 대접에 담았고, 돼지고기는 은으로 된 접시에 담았다. 예부 낭중이 곁에 있다가 이것은 황제의 아침 수랏상에서 물린 것이라고 일러준다.[17]

실제 황제의 조찬 수랏상에 올렸던 음식을 그대로 하사한 것인지, 올린 음식과 같은 것을 별도로 만들어 내린 것인지 불분명하다. 청나라는 조선사신을 예우한다는 뜻을 보이려고 그렇게 하였다고 한다. 만수절 전후로 삼사三使에 내린 음식은 다음과 같다.

> 반열에 참여해 있던 신하들에게 황제가 음식을 세 차례나 내렸다. 우리 사신도 조정의 벼슬아치들과 같은 예로 대접을 받았다. 떡 한 그릇은 황색 흰색 두 층으로 되고 네 면이 네모반듯하며, 색깔이 마치 누런 밀랍과 같았다. 굳고 촘촘하며 기름져서 칼이 잘 들어가지 않았으며, 위층의 떡은 더욱 보드라운 윤기를 머금어 마치 옥으로 된 떡 같았다.
> 떡 위에는 신선세계의 관원을 하나 세웠는데 수염이 살아있는 사람처럼 생동감이 있고 도포와 손에 쥔 홀이 신선하고 화려하다. 그 좌우에는

---

17) 「太學留館錄」 『열하일기』, 8월 10일 일기.

신선 동자를 세워 놓았는데, 조각 솜씨가 기이하고도 교묘하다. 모두 밀
가루와 설탕을 반죽하여 만든 것이다. 무덤에 나무 인형을 순장하는 것
도 공자님은 불가하다고 하셨는데, 하물며 사람 인형을 먹을 수 있겠는
가? 사탕 등속이 십여 종류가 모두 한 그릇에 담겼고, 양고기가 한 그릇
이었다고 한다.[18]

이상의 궁중요리는 삼사三使에게 하사한 음식이다. 연암도 정사에게
말로만 듣고 기술한 것이니, 삼사 이외에는 구경도 하지 못한 음식이다.
이 외에도 건륭황제가 조선 삼사만 특별히 불러서 술과 음식을 하사한
특수한 경우도 있었으나, 황제의 자리에 있을 때가 아니고 태상황으로
물러나 있을 때였다.[19]

결국 삼사 이외의 사행의 일원들은 중국 요리를 사서 먹는 경우가 아
니라면 자취로 음식을 만들어 먹을 수밖에 없었으며, 중국 요리다운 음
식은 접할 수 없었다. 말하자면 삼사 이외에는 공식적인 자리에서 중국
음식을 접할 기회가 없었으며, 중국 역시 그들을 대접하지 않았다.

보다 본격적인 중국요리를 접할 기회는 중국인에게 초대되어 접대를
받는 경우이다. 필담을 하며 사귄 중국인, 혹은 사행과 관련한 공적인
관계에 있는 사람에게 초대를 받거나 음식을 보내오는 경우가 그것이다.
예컨대 김창업의 연행 때에 통관으로 수행했던 문봉선文鳳(封)先이 북경
에서 며느리를 보는 잔치를 하고 그 음식을 보낸 것이 그런 사례이다.
다음은 그 상차림이다.

잔치 요리를 세 사신에게 각각 두 상씩을 보냈다. 한 상은 여러 가지
어육(魚肉)이고, 한 상은 여러 가지 당병(糖餠)과 과자였는데, 산해진미
를 모두 갖추었고 지극히 정결하였다. 그 가운데는 오색 물을 들인 것도

---

18) 「太學留館錄」『열하일기』, 8월 12일 일기.
19) 주 14)와 같은 책의 151면 참조 바람.

있고, 잡탕류가 가장 많았다. 내가 두루 맛보았는데, 다 먹을 만했다. 우리나라의 복어, 해삼, 대구도 있었다. 과실은 용안(龍眼), 감귤에서 배, 감 따위에 이르기까지 상에 오르지 않은 것이 없고, 감자는 껍질을 벗겨서 가늘게 썰었고, 또 약밥(藥飯)은 우리나라의 법을 모방해서 만들었는데 맛이 제일 좋았다. 그릇은 모두 그림을 그린 자기(瓷器)이고, 주발과 접시는 모양이 모두 큰데, 두 상에 합해서 58그릇씩 놓였다. 상방(上房 상사)에서 장지(壯紙) 2속, 연죽(煙竹) 1개, 별선(別扇) 2개를 답례로 주고, 심부름 온 사람에게도 부채와 연죽을 주었다.[20)]

음식의 종류와 접시의 숫자도 광록시에서 세찬으로 황제가 보낸 것보다 많으며, 무엇보다 조선인의 입맛에 맞았다고 한 것이 이채롭다. 통관으로서 조선 사행과 자주 접촉하였으므로 조선인의 입맛을 알고 있었기 때문에 특별히 기호에 맞게 조리를 했을 가능성도 없진 않지만, 다만 광록시처럼 관官에서 형식적으로 하지 않고 가정집에서 정성을 들여 만들었기 때문에 더욱 맛이 있었다고 생각된다. 위의 음식은 문봉선이 옥하관에 머물고 있는 삼사에게 보내온 것이고, 김창업이 중국인의 집에 가서 음식을 대접받기도 하였다. 김창업은 통관 박득인(朴得仁)의 집에 숙박하게 되었는데, 그 집에서 저녁과 다음날 아침 식사를 대접받았다.

조금 있다가 주안상 한 상이 나오는데, 어제보다도 더욱 푸짐하다. 과실, 과자, 채소, 사슴고기, 노루고기, 돼지고기, 양고기 등을 갖추었는데 아울러 10여 그릇이나 되었고, 술이 끝나니 밥을 주는데 반찬 또한 아주 정결하고도 진귀하다. 이날 나는 식가(式暇 관리들이 집 제삿날 받는 휴가)로 소찬(素饌)을 하였는데, 박득인이 나를 위해서 별도로 소찬을 장만하였다. 잠깐 사이에 여남은 접시나 마련하였는데, 오이김치 및 여뀌싹

---

20) 김창업, 『연행일기』 권4, 1월 14일 條 일기.

이 있고 상추, 생채가 가장 청신하고 먹을 만했다. 청국장도 맛이 역시 좋은데 대개 우리나라의 방법으로 만든 것이다.[21]

아침 식사인데도 요리가 푸짐하였고 육류도 사슴고기, 노루고기, 돼지고기, 양고기 등 4종이나 된다고 하였다. 김창업은 그날 기일忌日이어서 육식을 피하고 소찬素饌을 했던 모양인데 즉석에서 소찬 여남은 접시를 장만했으며 더구나 우리식의 청국장까지 만들어주는 환대를 받았다고 한다. 이는 매우 특별한 경우이다. 통관이라는 직책이 조선 사행과 관련이 있고, 또 김창업이 정사 김창집金昌集의 친동생이었으므로 홀대하지 못하고 각별히 신경을 썼을 법하다.

중국인이 특별히 신경을 써서 음식을 장만해도 입맛에 맞지 않는 경우도 있었다. 연암이 그런 경우를 체험하였다. 연암은 심양과 열하에서 중국 지식인들의 초대를 받아 필담을 하며 그들로부터 중국 음식을 대접받았다. 역시 필담을 통해 사귄 친분으로 사적인 대접을 받은 경우이다. 골동품을 취급하는 가게인 심양의 예속재藝粟齋에서 그 주인 전사가田仕可이 연암에게 대접한 중국 음식은 다음과 같다.

전사가가 우리를 위해 술과 음식을 준비해서 2경(밤 10시 전후)이 되어서야 돌아왔다. 떡 두 쟁반, 양 내장탕 한 동이, 삶은 거위 한 쟁반, 찐 닭 3 마리, 찐 돼지 한 마리, 계절에 나는 과일 두 쟁반, 임안주(臨安酒) 세 병, 계주주(薊州酒) 두 병, 잉어 한 마리, 밥 두 솥, 나물요리 두 쟁반, 모두 은자 열두 냥어치였다.[22]

인용문 끝 부분에 음식의 값을 적고 있는 것을 보아서는 전사가가 직접 요리를 하지 않고 음식점에서 주문한 것임을 알 수 있다. 연암이 중

---

21) 김창업, 『연행일기』권4, 1월 26일 條 일기.
22) 「盛京雜識」『열하일기』, 예속필담 참조.

국에 들어온 이래로 최초로 중국 요리다운 음식을 만난 것으로 보이는
데, 그러나 연암은 비위가 약하여 떡과 과일만 먹었다고 한다. 닭과 거
위는 머리와 발을 떼지 않고 그대로 요리를 했고, 양의 내장탕은 노린내
가 너무 심했기 때문이라고 했다. 가축의 머리와 발을 떼지 않고 요리하
는 것이 중국의 일반적인 요리법인지 모르겠으나 우리의 조리 방식과는
달랐으므로 역하게 느꼈던 것이다. 연암이 열하의 태학에서 기풍액奇豊
額에게 접대를 받을 때도 그 요리법은 동일했다고 한다. 기풍액이 준비
한 음식은 다음과 같다.

> 방에는 이미 네 자루의 촛불을 켜고, 큰 탁자에는 음식을 아주 성대하
> 게 차려놓았으니 오로지 나를 위해 마련한 것이다. 향(香)이 있는 떡이
> 세 그릇, 여러 가지 사탕이 세 그릇, 용안과 여지 및 땅콩과 매실을 담은
> 것이 서너 그릇, 부리와 발이 달린 채 요리한 닭과 거위 및 오리가 있고,
> 껍질을 벗긴 통돼지가 있다. 용안과 여지 그리고 대추와 밤, 마늘과 후추
> 및 호도, 살구씨와 수박씨를 박아서 떡처럼 문드러지게 찐 것이 있는데,
> 맛은 달고 기름지지만 너무 짜서 먹을 수가 없다. 떡과 과일을 담은 것이
> 모두 높이가 한 자가 넘었다. 한참 뒤에는 모두 치우고 가져가더니, 채소
> 와 과일 두 그릇과 소주 한 주전자를 다시 차려서 내왔다.[23]

기풍액은 기주貴州 안찰사 벼슬을 하고 있던 인물이다. 황제의 만수
절 때문에 열하에 임시로 와서 연암과 함께 태학에 머물렀으므로 그의
사택이 열하에 있었던 것은 아니다. 따라서 위에 나온 요리도 그의 집에
서 만든 것이 아니고, 식당에서 주문한 음식일 가능성이 크다. 연암이
북경에 있을 때도 보지 못한 음식을 새외塞外 지방인 열하에서 접하게
된 것이다. 조선에서 볼 수 없는 여지와 용안 같은 과일에, 조리 방식과

---

23) 「太學留館錄」 『열하일기』, 8월 13일자 일기.

규모가 조선과는 다른 거위, 오리, 통돼지 등의 요리는 모두 눈에 익숙하지 않은 음식이다. 태학에 함께 머물렀던 윤형산尹亨山은 고위관료로 퇴임한 인물로 황제의 권유를 받아 열하에 왔는데, 그 역시 연암과 음악 이야기를 필담할 때에 양을 한 마리 통째로 쪄서 대접한바 있었지만, 연암은 별로 손을 대지 못하였다고 술회하였다.

이외에 사행의 일원이 연도에서, 특히 민박하는 집에서 중국 음식과 과일 등을 대접받은 기록이 허다하게 있으나, 그 품목과 맛에 대해서는 생략하기로 한다.

개인적으로 중국 음식을 사서 먹는 경우도 있다. 사행의 일행 전체가 매식하는 경우는 없었고, 할 수도 없는 상황이었다. 사행의 전체적인 식사는 전적으로 자취에 의존하였거니와, 혹 그 식사에 참여할 수 없는 경우에 개인적으로 식당이나 주점에서 간단히 매식으로 대체하였다. 삼사는 직분과 체모 때문에 식당에서 매식을 하지 못했으며, 농암과 연암의 경우처럼 자제군관(혹 타각打角)의 자유로운 신분에 있거나, 노잣돈을 가진 일행에 한해서 매식을 하였다. 이들은 구경에 정신이 팔려서 주방에서 준비한 음식을 놓치는 경우가 종종 있었고, 출발 시간에 쫓겨서 매식을 한 경우가 있었다. 연암의 경우를 본다.

사신 일행이 출발에 임해 첫 나팔을 불어도 나의 행방을 알지 못해 장복을 보내 두루 찾았으나 찾지 못했던 것이다. 밥은 오래되어 이미 굳었고, 마음이 황망하여 목구멍에 넘어가지 않는다. 그래서 장복과 창대에게 함께 먹으라고 건네주고는, 점포 안에 들어가 국수 한 사발, 소주 한 잔, 삶은 계란 세 개, 오이 한 개를 사서 먹었는데, 계산을 해보니 마흔두 닢이었다.[24]

---

24) 「盛京雜識」『열하일기』, 7월 10일자 일기.

　연암은 구경에 정신이 팔려 숙소에서 멀리 떨어진 거리에 나와 있었기 때문에 식사 시간을 맞출 수 없었다. 또 출발 시간이 임박했으므로 간단한 요리를 점포에서 사서 때웠다. 이런 매식은 시간 여유를 가지고 청요리를 즐기는 것과는 거리가 멀었으니 그야말로 점심點心이라 할 정도의 소박한 요리였다. 이들이 연도의 점포 혹은 간이식당, 그리고 북경 체류시에 식당에서 매식한 품목은 대단히 많지만, 대표적인 것 몇 가지만 소개하기로 한다. 압단鴨蛋, 계란볶음, 분탕粉湯(밀푸러기), 계란전분탕鷄卵煎粉湯, 저육탕猪肉湯, 저육숙편猪肉熟片, 조미調糜(죽), 속병粟餠, 소병燒餠 등등이 그것이다. 밤에 외출하여 술집에 가는 경우에도 저녁 식사는 공관에서 하였고, 술집에서는 간단한 술안주, 예컨대 계란볶음 등과 같은 아주 간소한 음식을 주문하는 정도였다. 결국 음식의 천국인 중국에 가서도 아주 특별한 경우가 아니면 당시 일행은 청요리다운 요리를 접할 수 없었던 것이 역사적 사실이었다.

　　2-4.

　다음으로 사행이 마시고 먹은 음료와 과실에 대해서 언급하기로 한다. 음료와 과실은 계절에 따라서 달라짐이 물론이다. 여름철 연행에는 과일이 풍성했으며 겨울철 연행은 여름보다 상대적으로 그 종류가 적었을 터이다. "한 과일 가게에 들어가니 제철에 나는 햇과일이 언덕처럼 쌓였다. 중국 동전 백 닢으로 배 두 개를 사가지고 나왔다."라는 연암의 말처럼 여름과 초가을에는 햇과일이 풍성하였다. 그러나 겨울에도 여름철의 과일을 맛볼 수 있을 정도로 보관법이 뛰어나다고 하였다. 김창업은 겨울철에 연행을 하였으나 중도의 여러 곳에서 수박을 먹었는데 그 맛이 아주 뛰어나다고 했다.

　사행이 먹었던 과일 종류를 정리하여 나열한다. 사과, 능금, 버찌, 배, 참외, 홍시, 곶감, 밤, 포도, 귤, 개암, 산사山査, 당리棠梨(팥배), 수박, 모과 등은 조선에서도 생산되는 것들이고, 큰 대추, 검은 대추, 양매楊梅, 빈랑, 야자, 용안, 여지와 향연香椽 등자橙子 유감乳柑 문단文丹(紋丹?) 등의 감귤 종류 6~7가지 등은 중국에만 있는 과일들이다. 이외에 처음 보는 것으로 이름을 알 수 없는 과일도 많았다. '회회국回回國 참외'라고 불리는 것이 있는데, 회회국에서 황제에게 바친 것이다. 김창업은 북경에 있을 때 3 차례나 이를 먹은 적이 있는데, 세 번 모두 그 맛에 대해서 언급하고 있을 정도로 특이한 과일로 인식했다. "그 모양이 남과南瓜; 속명 호박과 같으나 작고, 껍질은 푸르고 속은 누르고 붉어서 우리나라의 이른바 쇠뿔참외의 빛과 같으나, 그 씨는 보통 참외와 비슷하고 조금 크다. 맛은 달며 향기로워 우리나라 참외와는 현격하게 다르고, 껍질이 두껍기가 수박과 같으나, 두꺼운 껍질을 깎아 내고 씹으면 단단하면서도 연하고, 깨물면 소리가 나는데, 그 맛이 또한 참외보다 기이하다. 그러나 지나치게 상쾌하여 많이 먹을 수는 없었다."라고 맛과 모양을 묘사하고 있는데, 아마도 신장 위구르 지방에서 나는 멜론의 일종인 하미과哈密瓜을 가리키는 것으로 보인다.

중국은 수질이 좋지 않아서 맹물을 함부로 마실 수 없는 사정은 고금에 차이가 없었다. 심양 이후부터는 물맛이 나빠지기 시작하여 산해관 안으로 들어오면 급격하게 수질이 나빠진다고 했다. 따라서 여름철이라도 찬 물을 함부로 마시지 못했다. 마실 수 있는 물이 귀하기 때문에 물 값도 비쌌으며, 심지어 계주현薊州縣 부근에서는 노쇠에게 먹이는 물도 그 값을 대전大錢 반을 받았다는 기록이 있을 정도로 마실 수 있는 물이 귀하였다. 연행록에 동팔참의 냉정冷井의 물이 좋다고 하거나, 산해관 안에서는 계주薊州과 옥전현玉田縣 중간의 봉산점蜂山店의 물맛이 가장 좋다는 기록을 대체로 하고 있는 것을 보면 중국의 물 사정을 짐작할 수 있다.

북경의 숙소인 옥하관, 남관에는 우물이 없었기 때문에 사방으로 나가 식수를 길러서 사용했다. 숙소에서 먼 곳은 조양문朝陽門 밖의 팔리포八里舖, 가까이로는 천단天壇, 정양문正陽門 등지로 가서 물을 길렀으며,

때로는 팔리포까지 쌀을 가지고 가서 씻어오기도 하였다. 추운 겨울에 물을 긷는 것은 고행 그 자체이다. 물을 길러오는 것이 대단히 멀고 힘들었기 때문에 원역員役들의 일부는 북경 구경을 나가기 위해 상사에게 허락을 받으려고 물을 긷는다는 핑계를 대기도 하는 일이 벌어지기도 하였다.

연로에서 사행이 주로 대접받은 음료수는 차茶이다. 책문에서 심양까지는 엽차葉茶가 귀하고 비싸기 때문에 볶은 쌀인 노미차老米茶를 얻어 마셨다. 엽차葉茶는 여름철에도 보편적으로 마시는 음료수이다. 뜨겁게 마시기도 하고, 식혀서 청량음료로도 마셨다. 일반적인 차 이외에 작설차, 생강, 귤병橘餅, 국화차, 양매차楊梅茶(湯), 자양차紫陽茶, 황봉주黃封酒 등이 있었다. 이들은 종류에 따라 뜨겁게 혹은 청량음료로 만들어 마셨다. 양매차는 오매烏梅, 사인沙仁, 백단향, 초과草果을 가루로 만들어 꿀에 재어 끓였다가 냉수에 타서 마시는 청량 음료인 제호탕醍醐湯과 닮은 것이고, 봉황주는 여지즙으로 만든 차의 한 종류라고 했다.

주류酒類는 종류가 너무 많아서 셀 수조차 없을 정도이다. "술집의 선반에는 똑 같은 모양의 놋쇠로 된 큰 술통이 진열되어 있으며, 붉은 종이에 술 이름을 적어서 붙여놓았는데 너무 많아 다 기억할 수 없었다."라고 연암이 말했을 정도로 술은 다종다양이었다. 연암이 술을 애호했던 일은 정평이 있었다. 열하에 도착한 첫날밤에 일행 모두가 잠이 들었건만 연암 혼자서 술을 마시고 마당을 거닐었다든지, 혼자 열하의 술집에 들어가 무용담을 벌인 일이라든지, 윤형산이 연암에게 앞으로 과음을 하지 말고 신체를 보중하라고 부탁하는 등등은 술에 대한 애호를 단적으로 드러내는 일화들이다.

『열하일기』에 등장하는 술 이름만 들어도 백소로白燒露, 임안주臨安酒, 계주주薊州酒, 불수로佛手露, 사괴공史蒯國公, 황봉주黃封酒, 야자주椰子酒, 장원홍壯元紅 등이 있으며, 기타 연행록에는 이외에 노주老酒, 황주黃酒, 사공주司空酒, 포도주葡萄酒, 오가피주五加皮酒 등의 이름이 보인다. 연암이 특히 좋아했던 술은 야자주椰子酒이었으나, 일반적으로 조선 사행단에 술맛이 좋기로 이름난 술은 계주薊州에서 생산되는 계주주薊州酒였다. 그리하여 사행이 계주 지방을 지날 때는 허리끈을 풀어놓고 실컷 마시는 것이 사행의 오랜 전통이었다. 그러나 김창업은 이 계주주가 도수도 약하고 쉽게 깨는 성질을 가지고 있어서 아주 좋은 술은 아니라고 했고, 그 보다는 북경 통관 박득인朴得仁 집의 술과 사하보沙河堡 민박집 주인 유계적劉繼迪 집의 술을 최고로 꼽았다.

김창업이 실제로 술을 얼마나 많이 마셨는지는 모르지만, 술을 혹애酷愛한 것은 사실이다. 북경에 도착한 그는 정월 초4일에 하인을 팔리포에 보내어 주미酒米(술밥을 만드는 쌀)를 씻어오게 하여 백화주百花酒를 담게 하였다. 조선에서 백화주 만드는 방법을 직접 베껴가지고 와서 실험적으로 술을 빚은 것이다. 백화주는 여러 가지 꽃을 말려서 만드는 술인데, 숙성 기간이 최소 40일이 되어야 한다고 한다. 주변의 사람들이 북경의 물맛이 나빠서 술이 안 될 것이라며 만류했지만, 수십 말이 들어갈 큰 술독을 구해서 한 말의 술을 기어이 담았다. 이 술은 32일이 지나도 익지 않아서 계주주와 누룩, 밥을 더 넣어서 괴게 만들었는데, 결국 북경을 떠나기 하루 전날인 2월 14일에 걸렀다. 그 맛이 지극히 좋았다고 했다. 이국에 있으면서도 긴장하지 않고 나름의 풍류와 정취를 찾은 데에서 김창업의 여유를 볼 수 있다. 연암이 특별한 소임이 없어 비교적 자유롭고 한가하게 자신의 여행 목적을 누리며 틈틈이 술을 자주 마실 수 있었던 것처럼, 노가재 역시 연암과 같은 처지에 있었기 때문에 북경에서 술을 담는 여유를 즐길 수 있었던 것이다.

3. 맺음말

이상에서 우리는 연행사신들이 중국에서 이동하고 체류하는 기간에 식생활을 어떻게 해결했으며, 중국에서 먹었던 요리 등의 문제를 개략적으로 살펴보았다. 살펴본 내용처럼 사신단은 명절이나 황제의 생일 같은 특별한 날에 한해서 그것도 삼사에 한해서 가공된 음식을 대접받았지만, 일반적인 경우에는 대부분 중국이 제공한 식자재, 현지에서 구득한 식자재, 그리고 조선에서 준비해간 식자재를 이용하여 음식을 직접 조리해서 먹었다는 사실을 알 수 있었다. 중국의 식자재라 하더라도 우리의 숙수가 우리식으로 조리하면 그것은 우리의 음식이다. 비록 중국의 식자재로 조리를 했으나 중국의 음식이 아니다. 결국 사행단의 대부분, 곧 삼사와 자제군관을 제외한 사람들은 중국에 체류하는 기간에도 우리의 음식을 먹었다고 할 수 있으며, 중국의 요리를 맛볼 기회가 별로 없었던 것이다.

연행 사신단이 직접 조리를 해서 식사문제를 해결했던 사실은 중국 사신이 우리나라에 와서 식사 문제를 해결했던 방식과는 아주 대조적인 것이다. 중국의 사신을 일러 칙사라고 하거니와, 칙사 대접이라는 말이 있었던 것처럼 중국 사신에 대한 예우와 대접은 그야말로 가장 극진했다고 말할 수 있다. 중국 사신이 압록강을 건너 우리 땅에 도착하면서부터 그들이 돌아갈 때까지 조선에서 음식을 만들어 그들을 전적으로 공궤하였다. 그들을 중도에서 맞이하는 의식의 절차와, 한양에서의 사신의 임무를 수행하는 기간에 행해진 예식의 절차 및 그들을 공궤하는 방법 등에 대해서는 『통문관지』에 소상하게 규정하고 있으므로, 여기서 췌언을 필요로 하지 않는다. 칙사가 오면 7차에 걸쳐 공식적 연회를 베풀고, 심지어 하루에 7차례 음식을 공궤하기도 하였다. 우리 사신이 중국에 가서 황제와의 접견을 위해 기다리다가 식사 때를 넘기자 상차림도 없이 바닥에 밥 한 그릇, 돼지고기 한 그릇, 국 한 그릇을 스스로 준비해서 먹었던 일도 있었던 것에 비한다면 양국이 사신을 접대하는 방식이나 내용이 너무도 대조적이며 또한 대단히 불평등하였다.

중국은 왜 조선의 사신에게 조리된 음식을 제공하지 않고, 식자재를 제공하여 스스로 조리해서 먹게 했던가? 중국은 조선의 사신뿐 아니라 중국에 조공을 오는 모든 나라의 사신에 대해서도 식자재를 제공하여 각기 자기식의 조리방식으로 만들어 먹도록 하였는데, 현재로서 왜 그런 조치를 취했는지 그 정확한 이유를 알 수는 없다. 중국에 조공을 오는 나라는 중국과 대등한 국가 관계가 아니고 어디까지나 군신간의 복속 관계이므로 사신의 음식에 있어서도 차별을 한 것인지, 혹은 조리한 음식을 제공하게 되면 여러 가지 문제가 발생할 수 있으므로 이를 예방하기 위해서 각기 자기나라의 방식대로 조리해서 먹도록 했던 것인지, 그 참된 이유를 짐작하기 어렵다. 결국 중국에 가는 사신과 중국에서 각국에 파견되는 사신들은 음식 문제의 해결이 아주 판이하게 달랐다. 중국칙사가 시종일관 조선의 음식을 충분히 체험하고 갔던 것에 비해서 조선의 연행사들은 5, 6개월의 중국 생활을 통해서도 중국의 음식을 다양하게 체험할 기회가 상대적으로 충분하지 못하였던 것이 역사적 사정이었다.

그러나 그런 제한적 상황에서도 연행을 통한 중국 음식에 대한 체험은 양국의 음식문화의 교류 혹은 문명 교류사적 차원에서 보면 대단히 소중한 것이었다. 연행 사신들이 다녔던 시기에 육로를 통해 이국으로 열려 있는 유일한 곳은 중국이었으며, 당시에 유일하게 맛을 볼 수 있는 외국의 요리는 중국 음식이었다. 연행단은 공적인 임무 외에 연행을 통해 외국의 문화를 체험할 수 있었던바, 중국의 역사 현장이나 문화 문물을 눈으로 직접 보는 체험을 했을 뿐 아니라 역시 음식 문화에 대한 다양한 체험을 할 수 있었다. 이들이 귀국 후에 중국의 문화문물에 대해서 색다른 견문과 체험을 주변 사람들에게 들려주었을 터인데, 중국의 음식에 대한 이야기 역시 빠질 수 없는 내용일 것이다. 이 중국 요리에 대한 정보를 국내에 소개하고 전파할 수 있었던 사람이 바로 연행에 참여한 사람들이었다.

그들은 자신이 직접 경험한 중국의 요리는 물론, 조선에서 볼 수 없었던 여러 가지 식자재를 호기심에서 보았으며 그 존재를 조선에 소개

전파하였을 것이다. 그리하여 많은 사람들에게 음식에 대한 지적 호기심을 불러일으키고, 이를 통해서 중국의 존재를 동경하게 만들거나 중국 여행을 선망 촉진하는 계기가 되기도 하였다. 한편 우리의 음식이 연행 사신을 통해 중국에 소개 전파되기도 하였다. 사행이 가지고 간 우리의 음식이 중국인에게 제공되어 우리 음식의 맛보게 하였고, 때로 조선의 요리에 호기심을 보이는 사람에게 그 조리법을 적어주기도 하였다. 요컨대 연행은 양국의 음식 교류 차원에서 중요한 의미를 가지고 있으며, 이런 점에서 연행록에 보이는 음식에 관한 정보는 대단히 소중한 기록이다.

그럼에도 불구하고 연행록이라는 저술의 성격상 연행록에는 음식에 관한 기록은 대단히 제한적일 수밖에 없다. 음식에 관한 전문적 보고서가 아니므로 그에 대한 언급도 아주 소략하며, 자신의 직접적인 체험에 의존한 단편적인 내용들이다. 대체로 음식의 종류를 기록하는 정도이지, 그 구체적 조리법에 대한 기록은 거의 전무하다. 김창업이 연행록 서두 부분에 「산천풍속총록山川風俗總錄」이란 항목을 두고 중국의 풍속의 개황을 설명하면서 중국의 식생활과 관련한 여러 가지 사실들을 개설적으로 설명하고 있는 것이 그나마 비교적 전문적인 언급에 속하는 반면에, 여타의 연행록은 대체로 그 날 그 날의 일기와 관련해서 부수적인 문제로 소략하게 다루고 있는 실정이다. 각 연행록에 파편적으로 산재되어 있는 음식에 관한 기록들을 더욱 체계적으로 정리 종합하는 일이 본고에 부여된 후속 과제이다.

끝으로 연행록의 음식과 관련하여 양국의 접대문화가 명나라에서 청나라로 오면서 어떻게 달라졌는가 하는 문제를 약간 언급하기로 한다. 대체로 짐작되는 바이지만, 조선이 명나라 사신에 대해서 자발적으로 지극정성을 보였던 것에 비해서 명나라는 조선의 사신에 대해서 그에 상응하는 예우를 한 것 같지는 않다. 오히려 청이 보여준 것에 미치지 못하였는데, 특히 제공되는 식자재의 경우가 그렇다. 명이 보여준 조선 사신에 대한 예우는 그렇게 특별하지 않았던 데 비해서, 청나라는 자신들의 칙사에 대한 과도한 예우나 접대를 지양하도록 했던 반면에 조선 사신에 대한 하정의 품목과 양은 그 이전에 비해서 더욱 풍성하게 제공하였다. 먹는 문제를 예우함으로서 조선을 무마하고 기마하려는 정치적 속셈에서 나온 조치인지는 알 수 없으나, 연행록의 기록에는 이 점에 대해 문제의식을 가지고 특기한 경우는 없다.

燕行錄에 실린 중국 演戱와
그에 대한 조선인의 인식

이창숙 | 서울대학교 중문과 교수

1. 고찰의 범위

연행록에는 사행단使行團이 왕복 여정에서 보고 들은 중국의 풍물이 다양하고 상세하게 기록되어 있다. 그 가운데는 각종 연희에 관한 기록도 풍부하다. 연희는 당시 조선에서는 조선의 다른 예술 양식과 비교하여, 그리고 중국의 동일 양식과 비교하여 상대적으로 취약한 예술 분야였다. 낯설거나 신기한 문물에 대한 견문과 그 소감은 관찰자의 일기에 기록되다가 그 기록방식이 진화하여 박지원朴趾源의 「환희기幻戲記」와 김경선金景善의 「환술기幻術記」처럼 독립 주제의 문장으로 창작된다.

연행사절이 목도하고 기록한 명청明淸 시대의 연희는 고대부터 전승된 종목과 이를 바탕으로 당대當代에 변화 발전된 종목, 그리고 외국에서 들어온 새로운 종목 등이 혼재한다. 그 내용도 연극류演劇類, 잡기류雜技類, 폭죽등희류爆竹燈戲類,[1] 수희류獸戲類[2] 등 다양하고, 이들이 상호 융합한 종목도 있어 그 계통이 복잡하다. 연희에는 고대 동아시아 각국 및 서역의 문명, 그리고 멀리 지중해 연안 문명의 흔적까지 남아 있어 그 문명사적 의미는 작지 않다. 또한 당시 궁중과 시정에서 활발하게 공연되어 왔으므로 일상에서 차지한 역할도 작지 않다. 연행록에 실린 연희

---

1) 각 용어의 정확한 개념은 뒤의 해당 부분에서 규정한다.
2) 傅起鳳과 傅騰龍은 현대 중국의 잡기(雜技)를 기예(技藝), 환술(幻術), 마희(馬戲), 골계(滑稽) 4 부문으로 분류하였다. 기예는 힘과 기술을 이용하는 종목이며, 마희는 짐승을 이용하는 수희이다. 안상복 교수는 중국 전통 잡기의 종목을 각저(角觝), 신체교예(身體巧藝), 놀리기묘기, 공중·수상·빙상곡예, 상형기(象形技), 구기(口技), 환술(幻術), 동물놀음으로 나누었다. 이처럼 개와 원숭이 등 짐승을 놀리는 재주를 잡기의 한 종목으로 넣지만, 여기서는 잡기와 구분하여 따로 수희류로 묶기로 한다. 傅起鳳·傅騰龍(1989), 『中國雜技史』, 上海: 上海人民出版社, 301~312면; 안상복(2006), 『중국의 전통잡기』, 서울대학교 출판부, 85~87면 참조.

관련 기록에는 외국을 여행하며 새로운 문물을 기록한 기록자의 의식을 고찰할 수 있는 자료도 남아 있다. 이 글에서는 당시 조선의 외교사절이 보고 들은 중국 연희의 대강과 그에 대한 기록자의 인식을 고찰하기로 한다.

이 글의 고찰 범위는 허봉許篈의 『조천기朝天記』에서 서경순徐慶淳의 『몽경당일사夢經堂日史』까지로 그 시기는 16세기 후반에서 19세기 중반까지 약 270년간이다. 연희 관련 기사가 실려 이 글에서 고찰 대상으로 삼은 연행록은 다음과 같다.

저자	서명	연행연대3)
허봉(許篈, 1511~1588)	조천록(朝天錄)	1574, 선조 7, 만력(萬曆) 2
이요(李㴭, 1622~1658)	연도기행(燕都紀行)	1656, 효종 7, 순치(順治) 13
최덕중(崔德中)	연행록(燕行錄)	1712, 숙종 38, 강희(康熙) 51
김창업(金昌業, 1658~1721)	연행일기(燕行日記)	1712, 숙종 38, 강희 51
이의현(李宜顯, 1669~1745)	경자연행잡지 (庚子燕行雜識)	1720, 숙종 46, 강희 59
홍대용(洪大容, 1731~1783)	을병연행록4)	1765, 영조 41, 건륭(乾隆) 30
이압(李坤 , 1737~1795)	연행기사(燕行記事)	1777, 정조 1, 건륭 42
박지원(朴趾源, 1737~1805)	열하일기(熱河日記)5)	1780, 정조 4, 건륭 45
정존겸(鄭存謙, 1722~1794)	연행일기(燕行日記)6)	1782, 정조 6, 건륭 47
서호수(徐浩修, 1736~1799)	연행기(燕行記)7)	1790, 정조 14, 건륭 55

3) 연행연대는 서기, 조선왕력, 중국연호 순으로 표기한다.
4) 소재영·조규익·장경남·최인황(1997), 『주해 을병연행록』, 태학사.
5) 『燕巖集』, 경인문화사(1982).
6) 정존겸의 『연행일기』는 고서연구가 박철상 선생이 연희 관련 부분을 필자에게 제공하였다. 이 『연행일기』는 아직 학계에 보고된 바 없으므로 그의 연행 관련 기록은 이 글에서 처음 소개된다. 박철상 선생에게 사의를 표한다.
7) 서호수의 『연행기』는 『열하기유(熱河紀游)』라는 제목으로 다른 판본이 전

김정중(金正中)	연행록(燕行錄)	1791, 정조 15, 건륭 56
서유문(徐有聞, 1762~1822)	무오연행록	1798, 정조 22, 가경(嘉慶) 3
이해응(李海應,[8] 1775~1825)	계산기정(薊山紀程)	1803, 순조 3, 가경 8
박사호(朴思浩)	심전고(心·田稿)	1828, 순조 28, 도광(道光) 8
무명씨	부연일기(赴燕日記)	1828, 순조 28, 도광 8
김경선(金景善, 1788~1853)	연원직지(燕轅直指)	1832, 순조 32, 도광 12
서경순(徐慶淳, 1804~?)	몽경당일사(夢經堂日史)1855, 철종 6, 함풍(咸豊) 5	

위의 연행록 가운데 홍대용의 『을병연행록』과 서유문의 『무오연행록』
은 한글로 작성되어 있다. 따로 판본을 표기하지 않은 연행록은 모두 성
균관대학교 대동문화연구원 편 『연행록선집燕行錄選集』을 저본으로 삼고,
번역은 『국역 연행록선집』을 참조한다.

2. 연희 관람의 행사

조선 사절은 압록강과 북경을 왕복하는 여정 곳곳에서 연희를 접할 수
있었다. 사절이 연희를 접하는 행사는 크게 4가지로 나누어 볼 수 있다.

1. 궁정의 의전: 명청 통치자는 궁정의 의전 행사로 연희를 설행하였고,
   조선 사행은 이런 의전에 참여하여 연희를 관람하였다. 설행 장소는
   황궁 및 원명원圓明園과 피서산장避暑山莊 등 행궁이다.
2. 조선 사절에 대한 중국 아문衙門의 접대: 하마연下馬宴과 상마연上馬宴,
   여정의 각 지역 관아官衙와 북경 체류 기간 중 중국 아문에서 연희를
   제공하였다. 설행 장소는 중국 각 지역의 관아와 북경의 조선사절 관

한다. 임기중 편, 『연행록전집(燕行錄全集)』 제51·52권에 실려 있다.
8) 『계산기정』의 저자는 김미경(金美京)이 이해응이라고 판명하였다. 김미경
(2002), 「東華 李海應의 『薊山紀程』研究」, 고려대학교대학원 석사학위논문
참조.

소인 회동관會同館, 옥하관玉河館이다.

3. 사행의 초청: 사행의 관소인 회동관, 옥하관에서 사행이 직접 예인을 불러 연희를 설행하였다.

4. 사절단 소속 개인의 사적 유람: 사행의 소속원이 북경 및 여정의 각 지역에서 사적으로 연희를 관람하였다.

위 4가지 행사에서 궁정의 의전에서 설행하는 연희는 궁정 연희로, 나머지 각 행사는 민간 연희로 구분할 수 있다. 궁정 연희와 민간 연희는 종목 및 규모 등에서 현격한 차이를 보인다.

1) 궁정 의전

궁정의 의전에서 연출되는 연희는 황제와 황후의 생일, 원단元旦, 원소절元宵節, 중추仲秋 등 절일에 설행되었다. 이는 국가 전례의 한 절차였다. 조천록朝天錄9)에는 연희 관련 기록이 소략하여 조선 사절의 견문을 통하여 명나라의 궁정 연희를 고찰할 수 있는 자료가 많지 않다. 아래는 명나라 때 1574년(선조 7, 만력 2) 성절사聖節使의 서장관書狀官 허봉이 황제의 생일에 대궐에 나가 하례할 때 본 광경이다.

갑술년 8월 17일

이 날은 바로 성절이다. …… 동이 틀 때 계인이 시각을 알리는 창을 하였다. "해가 동방에 떠서 사방을 밝히고 만방을 비춥니다." 이에 황제가 어전에 납시니 표문을 올리고 나서, 백관들이 하례를 행하고 나왔다. 그 성대한 의장과 위사, 엄정한 군대 모습, 수많은 수레, 우렁찬 법악은 형언할 수 없다. 또한 문마다 코끼리로 지키는데 그 수가 매우 많았다.

---

9) 명나라 때 조선 사절이 북경을 왕래하며 지은 기행 시문 전체를 가리키는 용어로 쓴다.

다만 백관들의 반열은 그리 엄숙하지 않았다.

十七日 戊午.

是日乃聖節也. ……. 質明, 鷄人獻時唱曰, "日出卯光四表照萬方." 於
是皇帝出御殿, 上奏表訖, 千官行賀禮而出, 其儀衛之盛, 軍容之整, 輅駕
之衆多, 法樂之鏗亮, 不可形言. 且每門以象守之, 其數至黟. 但千官班列,
則頗不肅.10)

만력 2년의 성절 기록에 연희는 나와 있지 않다. 명대에도 궁정에서
연극을 상연하고, 오산鰲山을 가설하는 등 각종 연희를 설행하였지만, 연
행록에는 거의 기록되지 않았다.

궁정의 연희는 청대淸代, 특히 건륭 연간에 극성하여 이 시기의 연행
록에 풍부한 기록이 남아 있다. 궁정 연희의 설행 장소는 자금성紫禁城,
원명원, 피서산장이었다. 1780년 열하熱河을 방문한 박지원은 피서산장에
서 설행된 각종 궁정 연희를 상세하게 기록하였고, 1782년 동지정사冬至正
使 정존겸은 원명원 산고수장각山高水長閣에서 설행한 연희를 종목별로 기
록하였다. 1790년 열하, 원명원, 자금성에서 건륭제 80세 생일잔치에 참석
한 서호수는 그 때 관람한 각종 연희를 세밀히 기록하였다. 그의 궁정 연
희 관람 기록을 대표적인 보기로 아래와 같이 표로 작성한다.11) 1791년(정
조 15)에 동지사겸사은사冬至使兼謝恩使에 자제군관子弟軍官으로 수행한 김정
중은 12월 30일 황궁에서 "조선지희朝鮮之戱"가 포함된 "열국잡희列國雜戱"
를 보았으며, 1792년 1월 13일에는 원명원에서 백희百戱을 보았다.

---

10) 許筠, 『荷谷先生朝天記』. 『국역 연행록선집』 1, 一四四상우. 『燕行錄選集』
　　에 실린 연행록의 원문 출처는 『국역 연행록선집』의 영인본 면수를 따르고,
　　번역은 『국역 연행록선집』을 참조하였다. 이하 같음.

11) 이창숙(2003), 「1790년 가을, 열하, 원명원, 북경」 『문헌과해석』 통권25호,
　　119~135면 참조.

날짜	장소	상연시각 (부터 까지)	연극 제목 및 편수
7.16	熱河	卯正六分 未正一刻五分	清平見喜, 合和呈祥, 愚感蛇神, 文垂鳳彩, 多收珠露, 共賞氷輪, 壽星畖醉, 仙侶傾葵, 籠罩乾坤, 氤氳川岳, 鳩車竹馬, 檀板銀箏, 修文偃武, 返老還童, 芬菲不斷, 悠久無疆. 총 16장.
7.17	열하	卯正三刻 未初一刻五分.	稻穗脈秀, 河圖洛書, 傳宣衆役, 燕衎耆年, 益友談心, 素蛾絢綵, 民盡懷忱, 天無私覆, 重譯來朝, 一人溥德, 同趍禹甸, 共醉堯樽, 煎茗逢仙, 授衣應候, 九如之慶, 五嶽之尊. 총 16장.
7.18	열하	卯正十分 未正二刻	寶塔凌空, 霞觴湛露, 如山如阜, 不識不知, 天上文星, 人間吉事, 花甲天開, 鴻禧日永, 五色抒華, 三光麗彩, 珠聯璧合, 玉葉金柯, 山靈瑞應, 農政祥符, 瑤池整轡, 碧落飛輪. 총 16장.
7.19	열하	卯正一刻五分 未正三刻十分	壽域無疆, 慈光有兆, 紫氣朝天, 赤城益籌, 霓裳仙子, 鶴髮公卿, 化身拾得, 治世如來, 齊回金闕, 還向丹墀, 偕來威鳳, 不貴旅葵, 爻象成文, 灶神畖醉, 太平有象, 萬壽無疆. 총 16장.
8. 1	圓明園	卯時 未時	西遊記.
8. 2	원명원	卯時 未時	西遊記.
8. 3	원명원	卯時 未時	西遊記.
8. 4	원명원	卯時 未時	西遊記.
8. 5	원명원	卯時 未時	西遊記. 黃門戲.
8. 6	원명원	卯時 未時	西遊記.

8.10	원명원	卯時 未時	九九大慶 16장: 八洞神仙, 九如歌頌, 象緯有徵, 遐齡無量, 仙子效靈, 封人祝聖, 海屋添籌, 桃山祝嘏, 縉紳盈千, 清寧得一, 百齡叟百, 重譯人重, 慶湧琳宮, 瑞呈香國, 日徵十瑞, 桃祝千齡.
8.13	太和殿 暢音閣	辰時 午時	蟠桃勝會, 萬仙集籙, 王母朝天, 喜祝堯年, 昇平歡洽, 樂宴中秋, 萬國來譯, 回回進寶, 五代興隆, 五穀豊登, 家門清吉, 群仙大會. 총 12장.
8.19	원명원	卯時 未時	九九大慶 12 장: 桂香馥郁, 仙樂鏗鏘, 人安耕鑿, 海宴鯨鯢, 萬方徵瑞, 五岳效靈, 堯墀歌祥, 虞庭率舞, 武士三千, 天衢十二, 海鯤穩騭, 雲鶴翔乘, 舞呈丹桂, 堛湧金蓮, 芬菲不斷, 悠久無疆.
8.20	원명원		萬國呈戲所, 布庫伎, 各國伎藝. * 이 3가지는 연극이 아니라 雜技임.

2) 사행에 대한 중국 아문의 접대

사행단이 압록강을 건너 북경으로 가는 도중의 중국 지방 관아에서 사행을 맞아 주연을 베풀고 연희를 설행하였다. 북경에 도착한 이후 노고를 위로하는 하마연과 사행 임무를 마치고 귀국길에 오를 때의 상마연에서도 연희를 설행하였다.

허봉은 1574년(갑술) 6월 27일에 요동성遼東城에서 요동도사遼東都司가 베푼 주연에서 잡희를 보았다. 8월 16일, 북경 하마연 자리에서 환술幻術을 구경하였으며, 8월 26일의 상마연도 하마연과 같다고 하였으니 연희를 보았음에 틀림없다. 1712년(숙종 38) 사은부사謝恩副使 윤지인尹趾仁의 군관으로 수행했던 최덕중도 회동관의 하마연에서 잡희를 정재呈才하였다고 하였고, 상마연도 하마연과 같다고 하였다. 중국 관방官方에서 조선 사절에게 베푸는 하마연과 상마연에서 연희 설행은 관례였다고 볼 수 있다. 다만 연행록에는 하마연 상마연에서 설행한 연희에 대해서는 자세한 기록이 없다.

1720년(숙종 46년) 동지사겸정조성절진하정사冬至使兼正朝聖節進賀正使 이

의현은 북경 관소에 머무를 때 중국 아문에서 환술 잘하는 사람을 들여
보내 그 재주를 시험하였다고 하였다.12) 1766년(병술 1월 8일, 홍대용은
관에 "환슐 ㅎ는 사롬이 드러온다 ㅎ니"라고 하였으니13) 중국 아문에서
환술인을 보내 준 듯하다. 1778년(정조 2, 무술) 1월 7일에 이압은 환술을 구
경하였다. 이 날 환술 구경은 "아문"에서 환술자幻術者 2인을 "초송招送"하
였다고 하였으니 중국 아문에서 관소로 환술자를 보낸 것이다.14)

3) 사행의 초청

사절은 연행 도중이나 북경 관소에 묵으면서 예인을 불러 연희를 설
행하여 무료와 객고를 달랬다. 연행 도중에 사절의 숙소로 예인을 불러
잡희를 본 경우는 허봉의 기록이 유일하다. 그는 1574년 6월 26일 요동
회원관懷遠館에 묵을 때 상사上使 박희립朴希立이 예인을 불러서 잡희를
보았다. 북경의 관소에 환술인을 불러 들여 재주를 구경하는 일은 인평
대군麟坪大君 이요의 『연도기행』에서부터 보인다. 그 후 1855년(철종 6) 도
광황후道光皇后의 붕서崩逝에 대한 진위진향사陳慰進香使을 수행한 서경순
의 『몽경당일사』 12월 3일자 기록에는 "서장관과 환희 볼 것을 의논"하
였다고 하였다.15) 따라서 사행이 북경에 묵는 동안 관소로 연희 예인을
불러 설행하는 일은 관례였다고 볼 수 있다. 서경순의 기록에 진향하는
사신에게는 관소로 연희 예인을 부른 전례가 없다고 하였으니 진향이
아닌 경우에는 관소의 연희 설행이 자유로웠음을 알 수 있다.

1656년(효종 7년, 병신)의 사은사 인평대군 이요는 10월 18일 곰을 길들인
한인漢人을 관소로 불러 웅희熊戱을 보았다.16) 1720년(숙종 46) 동지사겸정

---

12) 李宜顯, 『庚子燕行雜識』, 『국역 연행록선집』 5, 46~50면.
13) 洪大容, 『을병연행록』, 소재영 외(1997), 265면.
14) 李坤 , 『燕行記事 下』, 『국역 연행록선집』 6, 119~121면.
15) 徐慶淳, 『夢經堂日史』, 『국역 연행록선집』 11, 360면.

조성절진하정사 이의현은 북경 관소에 머무를 때 호인胡人이 요술쟁이를 데리고 들어왔다고 하였으니 이는 예인이 사행단의 초청으로 관소에 들어와서 환술을 펼친 듯하다.[17] 1778년 1월 25일, 이압은 개와 원숭이 재주 부리는 사람을 불러서 재주를 보았다. 이때는 사절단이 직접 예인을 초청한 것이다.[18]

1803년(순조 3)의 동지사를 수행한 이해응은 12월 27일 옥하관에서 원숭이와 개의 놀음을 구경하였다. 박사호는 1829년 1월 9일 관소에서 환술잡희를 구경하고「환술연설幻術演說」을 지었다.[19] 1832년(순조 32)에서 1833년 사이 동지겸사은사冬至使兼謝恩使의 서장관 김경선은 1832년 12월 28일 관소에서 "환자幻者"를 불러 연희를 보고「환술기」를 지었으며, 이듬해 1월 7일에는 개를 몰고 원숭이를 짊어지고 지나가는 자를 관소 안으로 불러서 관람하고「견원양희기犬猿兩戱記」를 지었다. 또 21일에는 곰을 끌고 가는 자를 불러 들여 곰 재주를 보고「웅희기熊戱記」를 지었다.

4) 개인의 사적 관람

사행의 소속원은 북경 및 여정의 각 지역에서 사적으로 자유롭게 연희를 관람하였다. 18세기, 특히 중반 이후에는 사행의 구성원들이 북경 시내를 자유롭게 유람하면서 각종 연희를 목격하고 그 기록을 일기 또는 독립 문장으로 기록한 견문록이 많다. 아래는 그 대표적인 예이다.

김창업은 1713년(숙종 39, 계사) 2월 13일 북경에서 조화趙華라는 사람의 집을 방문하다가 그 집 앞에서 환술을 보았다.[20] 홍대용은 1766년(병술) 1

---

16) 李濬,『燕都紀行』,『국역 연행록선집』3, 104면.
17) 李宜顯,『庚子燕行雜識』,『국역 연행록선집』5, 37면.
18) 李坤 ,『燕行記事』,『국역 연행록선집』6, 134~135면.
19) 朴思浩,『心田稿』,『국역 연행록선집』9, 二七상우.
20) 金昌業,『老稼齋燕行日記』제4권, 계사년 2월.『국역 연행록선집』4,

월 4일 정양문正陽門 밖 극장가에서 "희즈 노름"을 보고, 극장의 구조와 영업 방식, 극의 내용에 대해 상세히 기록하였다.[21] 박지원은 1780년 북경 광피사표패루光被四表牌樓 앞에서 벌어지는 환술을 보고 「환희기幻戲記」를 지었다. 그는 8월 13일 열하 피서산장의 청음각清音閣 희대戲臺에서 상연한 황제의 생일 축하 공연을 관람하고 기록하였으며, 「희본명목기戲本名目記」도 남겼다. 김정중은 1792년 유리창琉璃廠에서 잡희와 곰, 범, 원숭이의 재주를 구경하였다. 1828년(순조 28, 도광 8)에 진하겸사은사進賀兼謝恩使을 수행한 『부연일기』의 저자는 북경에서 희곡과 환술을 여러 차례 보았다. 그중 7월 4일에는 장효렴張孝廉 등 중국인 3인과 함께 희곡을 관람하였다. 박사호는 1829년(己丑) 1월 8일 북경 시내에서 연희를 구경하고, 「연희기(演戲記)」를 지었다.[22] 김경선은 1833년 1월 5일 비장과 역관이 광덕당廣德堂 희대에서 본 희곡 상연의 시말을 듣고 「장희기場戲記」[23]를 지었고, 북경과 연도의 각 지역에서 목격한 극본의 목록 「제희본기諸戲本記」도 남겼다.[24] 서경순은 1855년(철종 6) 12월 20일에 중국인 우선芋仙 등과 북경의 중화당中和堂에서 희곡을 관람하였다.

3. 연희의 종류

사행단이 본 연희의 종류는 그 내용에 따라 위에서 밝힌 대로 연극류, 잡기류, 폭죽등희류, 수희류로 대별할 수 있다. 연극류는 당시 중국에서 성행했던 전기傳奇과 각종 지방희地方戲, 영희影戲 등 극예술을 말한다. 잡기류는 오늘날 서커스에 해당하는 각종 기예를 포괄한다. 연행록

383~391면.

21) 洪大容, 『을병연행록』, 소재영 외(1997), 218~229면. 『湛軒燕記』, 『국역 담헌서』 4, 五八하우－五九상좌.

22) 朴思浩, 『心田稿』, 『국역 연행록선집』 9, 六十하좌－一하우.

23) 金景善, 『燕轅直指』, 『국역 연행록선집』 10, 一三一상좌－四상좌.

24) 金景善, 『燕轅直指』, 『국역 연행록선집』 10, 一三四상좌－하우.

에서 주로 '환술' 또는 '환희'라는 용어로 지칭한 연희를 가리키며, 오늘날의 용어로는 '잡기雜技'라고 하므로 이를 그대로 쓰기로 한다. 폭죽등희류는 화약을 이용하는 불꽃놀이와 각종 형태와 구조로 제작한 등불놀이로서 이 둘을 결합한 종목도 있으므로 병칭한다. 개와 원숭이 등 짐승을 놀리며 묘기는 수희류獸戱類라고 부르기로 한다.

또한 설행 장소와 행사에 따라 궁중 연희와 민간 연희로 나눌 수 있다. 동일 종목을 궁중과 민간에서 설행할 수도 있어 궁중 연희와 민간 연희로 나누면 내용이 중복될 수도 있겠으나 이 글에서 고찰한 범위에서 연극류를 제외하면 동일한 종목을 궁중과 민간에서 동시에 목격한 예가 거의 보이지 않는다. 다시 말하면 당시 북경에서는 궁중과 민간에서 설행한 연희의 종목이 매우 달랐던 것이다. 연극류도 연극의 양식과 작품이 궁중과 민간 사이에 매우 다르다. 따라서 당시의 연희를 설행 장소에 따라 궁정과 민간으로 나누어 고찰하는 것이 더 요령 있다. 사절단이 황궁과 원명원, 피서산장에서 본 것은 궁정 연희이며, 사행의 관소와 북경 시내 및 기타 연행 노정의 각 지역에서 본 것은 민간 연희이다.

1) 궁정 연희

명청의 궁정에서는 연극을 자주 상연하였다. 특히 청대에는 일 년 사시사철 연극 상연이 끊이지 않았고, 원소절과 황제의 생일 등 명절에는 폭죽등희도 오늘날의 그것 못지않게 대규모로 설행하였다. 궁정 연희를 연극류, 폭죽등희류, 잡기류, 수희류로 나누어 고찰한다.

(1) 연극류
청나라 궁정에서 상연한 희곡은 내정대희內廷大戱라고 부른다. 내정대희에는 계절의 절기와 명절에 상연한 월령승응희月令承應戱, 황제와 황후의 생일에 상연한 구구대경희九九大慶戱, 기타 경사에 상연한 법중아주法

宮雅奏 및 매월 삭망에 상연하여 삭망승응희朔望承應戱라고 부르는 각종 장편 작품이 있다. 이 가운데 연행록에는 구구대경희와 삭망승응희에 대한 기록이 많다. 조선 사절이 청궁에서 관람한 연극 가운데 가장 성대한 규모는 건륭제의 생일에 연출되었다. 1780년 70세 생일과 1790년 80세 생일에 박지원과 서호수가 열하에서 축하 공연을 관람하였다.

박지원은 「희본명목기」와 「매화포기梅花砲記」에 완전한 구구대경희 목록을 작성해 놓았다. 「희본명목기」의 80편과 매화포를 합하여 "구구대경회九九大慶會"라고 한다고 정확히 밝혔다. 구구대경희의 각 편목은 해마다 들고 나는 것이 있어 일정치 않았다. 그 편목은 중국의 기록에도 산재하지만, 81편이 모두 전하는 것은 『열하일기』가 유일하다. 아래는 「희본명목기」에 기록된 80편이다. 여기에 매화포를 합하여 81편이 된다.

> 九如歌頌, 光被四表, 福綠天長, 仙子效靈, 海屋添籌, 瑞呈花舞, 萬喜千祥, 山靈應瑞, 羅漢渡海, 勸農官, 簷暴舒香, 獻野瑞, 蓮池獻瑞, 壽山拱瑞, 八佾舞虞庭, 金殿舞仙桃, 皇建有極, 五方呈仁壽, 函谷騎牛, 士林歌樂社, 八旬焚義券, 以躋公堂, 四海安瀾, 三皇獻歲, 晋萬年觴, 鶴舞呈瑞, 復朝再中, 華封三祝, 重譯來朝, 盛歲崇儒, 嘉客逍遙, 聖壽綿長, 五岳嘉祥, 吉星添耀, 緱山控鶴, 命仙童, 壽星旣醉, 樂陶陶, 麟鳳呈祥, 活潑潑地, 蓬壺近海, 福祿并臻, 保合大和, 九旬移翠巘, 黎庶謳歌, 童子祥謠, 圖書聖則, 如環轉, 廣寒法曲, 協和萬邦, 受玆介福, 神風四扇, 休徵疊舞, 會蟾宮, 司花呈瑞菓, 七曜會, 五雲籠, 龍閣遙瞻, 應月令, 寶鑑大光明, 武士三千, 漁家歡飮, 虹橋現大海, 池湧金蓮, 法輪悠久, 豐年天降, 百歲上壽, 降雪占年, 西池獻瑞, 玉女獻盆, 瑤池香世界, 黃雲扶日, 欣上壽, 朝帝京, 待明年, 圖王會, 文象成文, 太平有象, 灶神旣醉, 萬壽無疆

박지원으로부터 10년 후, 서호수는 피서산장과 원명원, 황궁의 삼층대희대에서 7월 16일부터 8월 20일까지 각종 연희를 관람하였으며, 그 일

수는 총 14일이다. 조선의 사절로서는 가장 많은 청궁의 연희를 보았다. 그 자세한 내용은 위의 표에 있다.

(2) 폭죽등희류

폭죽과 등희는 주로 원소절과 황제의 생일에 설행하였다. 폭죽은 화약을 이용하는 불꽃놀이이며, 등희는 각종 등을 매달아 켜서 구경하는 놀이다. 불꽃놀이와 등희가 결합된 놀이도 있다.

1782년에 동지정사로 연행한 정존겸은 1783년 1월 12일부터 19일까지 원명원 산고수장각에서 거행된 의전에 참여하여 각종 놀이를 목격하고 『연행일기』에 기록하였다.[25] 그 가운데 불꽃놀이, 등불놀이에 해당하는 것은 구련등九蓮燈, 화합등花盒燈, 오산등鰲山燈, 청평오복희淸平五福戲, 사룡희耍龍戲, 결화채화結花彩花, 장군령將軍令이다. 아래에 정존겸의 기록을 그대로 인용한다.[26]

구련등

황제는 원명원 산고수장각에 앉고, 좌우에 가산을 만들었으니 길이는 각 10여 간이고 층층이 기이하고 빼어나 쳐다보면 구름이 이는 듯하였으나 모두 종이로 만든 것이었다. 그 아래 등불 틀을 설치하고 각색 유리등을 아홉 줄로 걸었고, 줄마다 등이 아홉이었으며, 밝기가 낮 같았다.

九蓮燈

皇帝坐圓明園山高水長閣, 左右設假山, 長各十餘間, 層巒疊嶂, 奇秀攢蹙, 望之若有雲氣, 俱是紙造. 其下設燈架, 掛各色琉璃燈九行, 每行九燈, 瑩朗如晝.

---

25) 『正祖實錄』, 7년 계묘(1783) 2월 27일 (무자), "동지 겸 사은 정사 정존겸과 부사 홍양호가 연경의 일을 보고하다" 기사에 날짜가 기록되어 있다.
26) 이 기록은 아직 공개된 적이 없으므로 이 글에서 그 전문을 인용하여 자료로 제공하고자 한다.

화합등

마당에 높이 수십 장 되는 홍간문을 세우고, 가운데 큰 등을 두었으니 둥근 것은 북 같고, 모난 것은 바구니 같으며, 높이와 폭은 수십 척이고, 구름을 그렸다. 네 모퉁이에 깃발을 드리웠으며, 다리 양 옆에는 붉은 끈을 궨 큰 고리가 달렸다. 수십 명이 아래에서 당겨서 홍문 위에 걸고, 화승으로 깃발 끝에 불을 붙이면 등의 틈 안으로도 들어간다. 조금 후에 연기가 등 안에서 나오고 번쩍번쩍 빛이 난다. 문득 무너지듯 큰 소리가 나고 등 아래가 터져 땅에 떨어지고, 종이로 싼 원판이 등의 배 안에서 누누이 떨어진다. 불이 종이를 다 태우면 작은 등 수백 개가 관주처럼 매달려 유성처럼 빛나 몇 십 줄인 줄 모르나 하나하나 스스로 타서 푸른빛이 난다. 한참 후 초가 다 타고 불이 꺼지니 또 처음처럼 소리가 나고 두 번째 판이 벌어져 떨어지고 각색 채등이 줄을 지어 드리운다. 인물 모양도 있고, 화조 모양도 있어 이름을 다 댈 수가 없다. 다 타니 또 제3층에서 철렴이 아래로 처지고, 불꽃이 문자를 이루니 "天子萬歲"도 있고, "天下太平"도 있어 기괴함을 표현할 수가 없다. 이러기를 5층을 하고 그친다.

花盒燈

庭中竪紅桿門高數十丈, 中置大燈圓者如鼓, 方者如籠, 高廣幾十尺, 畫以雲氣, 四角垂旗, 脚兩傍有大環穿紅索. 數十人在下挽轉而上懸於紅門之上, 用火繩點旗脚火燃於旗, 透入燈隙. 少頃, 烟從燈裏出, 爍爍有光. 忽有大聲如崩塌, 燈底折落到地, 有紙裹圓板, 從燈腹中纍纍垂下. 火烈紙燼有千百小燈絡如貫珠, 燦如流星, 不知幾十行而箇箇自炷, 靑焱照耀. 良久, 燭燼火滅, 又有聲如初, 折落第二板, 各色彩燈成行垂下, 或像人物, 或像花鳥, 不可殫名. 旣燼又落第三層有鐵簾下垂, 火燄自成文字, 或作天子萬壽, 或作天下太平, 奇詭難狀. 如是者凡五層乃止.

오산등

돗자리로 붕을 집처럼 만들어 위에 처마를 만들고 밖에 잡채와 구름을 그렸으니 넓이는 수간이고, 높이는 홍문을 넘는다. 삼면을 가리고 전면만 열어 놓고 누런 휘장을 드리웠다. 합등이 다 타자 앞의 휘장을 걷으니 안에는 큰 부처가 있어 온몸이 모두 불빛이다. 잠시 후 불꽃이 점차 사라지니 미목과 구비에 모두 불줄기가 있어 역력히 진체인 듯하였다. 보니 바로 구리선으로 짰으며, 고로 불을 붙이니 오색실이 그림을 그려 오관과 온몸을 모두 갖추었으며, 가슴에 범자를 안고 있다. 그림 그린 것이 정밀하여 참으로 기괴한 볼거리였다.

鰲山燈

用簟席作方棚如屋, 上作簷, 外畫雜采雲氣, 廣爲數間, 高過於紅門, 遮三面, 獨開前面, 垂以黃幔, 盒燈旣燃, 捲開前幔, 中有大佛, 軀通身皆火光. 少頃, 火燄漸減, 眉目口耳皆有火線, 歷歷如眞諦, 視則乃銅絲織, 用恭膏燃火, 自具五色連絡成畫, 五官百骸皆備, 胸抱梵字, 點畫精工誠奇詭之觀也.

청평오복희

우인 수백 명이 담청색 옷을 입고 손에 자루가 丁 자 모양의 지팡이를 잡았는데 양 끝에는 채등이 걸려 있다. 등의 등에는 "壽", "福", "吉", "慶" 등 글자를 썼다. 또 청홍 양색등에 육십갑자를 쓰고, 1 갑이 1 줄로 빙글 돌며 나아갔다 물러갔다 하지만 갑자의 차례가 흐트러지지 않으며, 혹 골패의 격식을 이루기도 한다. 중정에 홍칠 탁자를 놓았는데 수십 개가 겹겹이 쌓여 탑을 이루고, 네 모퉁이가 조금 낮다. 등 지팡이를 가진 자가 빙글 돌며 올라가니 높낮이가 다르며, 종횡으로 이어져 자형을 만드는데, 혹 "萬年淸" 3 자가 되고, 혹 "天子萬年", "天下太平" 등의 글자가 되니 가장 교묘하다.

淸平五福戲

優人數百着淡靑衣, 手持丁頭一竿, 兩端各懸綵燈. 燈背書壽福吉慶等字. 又以靑紅兩色燈寫六十甲子, 一甲各成一隊, 旋轉進退, 不失花甲第

次, 或成骨牌格式. 中庭設紅漆卓子, 數十櫐疊成塔, 四傍稍低. 持燈竿者
環繞上升高下不齊, 縱橫相聯, 湊成字形, 或作萬年淸三字, 或作天子萬
年, 天下太平等字, 最爲奇巧.

사룡희

종이로 청룡 백룡을 만드니 길이가 각 10여 장이고, 비늘과 갈기가 있
고 뱀처럼 구불구려 산 듯하였다. 앞에서 한 사람이 손에 둥근 등을 잡고
인도하니 여의주를 희롱하는 모습이다. 용의 머리와 배에는 모두 등을
넣고 불을 붙여 구불구불 얽혀 싸우나 불은 끝내 꺼지지 않았다.

耍龍戲

紙造蒼白二龍, 長各十餘丈, 鱗甲鬐鬣, 蛇蜒如生. 前有一人手持圓燈
以導之, 如戲珠狀. 龍首肚腰皆安燈點火, 宛轉交鬪而火終不滅.

결화평화

내정에 결화 4틀을 설치하고, 외정에 평화 4틀을 설치하였다. 그 모양
은 죽통 같고, 크기는 여러 아름에 길이는 수척이다. 부목에 받쳐 땅에
꽂으며, 안에 화약을 넣고 줄로 불을 붙이면 가운데에서 불꽃이 샘처럼
용출하고 비처럼 날아 내린다. 불똥이 땅에 떨어지면 혹은 난초가 되고
혹은 매화가 되며, 양탄자에 떨어져도 뜨겁지 않다.

結花平花

內庭設結花四架, 外庭設平花四架. 其形如竹桶, 大數圍長數尺. 安於
木跌植於地. 內藏火藥, 以線點火, 則焰發於中, 湧出如泉, 飛瀉如雨. 火
點落地, 或成蘭草, 或成梅花, 其落氈席者, 亦不受熱.

장군령

결화와 평화가 꺼지면 어좌 앞으로부터 문득 불이 날아서 줄을 타고
가다가 홍문 장대 위에 붙는다. 장대 위에는 모두 가로 줄이 있어 깃대와

창 나무 사이에 둘러쳐 있다. 불꽃이 동분서주하니 유성처럼 빠르다. 경각간에 사방에서 불이 오르고 땅 속에 묻은 포가 동시에 상응하여 종횡상하로 콰르릉 천지를 요동한다. 불꽃이 찬연하고 대낮같이 밝으니 참으로 장관이다. 또 「남십번」, 「조천자」, 「만년환」 등의 곡이 있어 21희라고 총칭하고, 황제는 「장군령」을 가장 좋아한다고 한다.

將軍令

結花平花旣熄, 自御座前忽有飛火, 緣索而走, 着於紅門桿頭. 桿上皆有橫索, 周匝於旗戟樹木之間, 火點跳擲東奔西走, 迅如流星. 頃刻之間, 四面火起, 地中埋砲, 同時相應, 縱橫上下, 轟轟掀動天地, 光焰輝爍, 晃如白晝, 誠一壯觀. 又有南什番朝天子萬年歡等曲, 總稱二十一戲而皇帝最愛將軍令云.

(3) 잡기류

궁정에서 설행된 잡기류 연희는 공중묘기가 대부분이다. 정존겸의 『연행일기』에 기류 연희는 회유유回酉酉, 서양추천西洋鞦韆, 솔각摔脚, 근두희跟斗戲, 이동승록된 궁정의 잡기纆銅繩, 사자무獅子舞, 만국내조萬國來朝이 있다.

회유유

횡목 다섯을 세워 틀을 만드니 높이는 10여 장이고, 위에 가로 대를 놓아 두주를 고정하였다. 기둥 안은 4간으로 막아 한 간에 장방형 日 자형의 나무 기관을 설치하되 가로 대에 걸었고, 모두 철축을 박아 기관이 방차처럼 돌게 하였다. 아리따운 동자 10여 대가 각각 오방색 옷을 입고 기둥을 타고 올라가 네모 기관을 타고 가로대를 안고 섰다. 아래에서 2인이 맑고 유장한 음악을 연주한다. 군동이 기관을 밟고 몸을 돌려 음악소리에 따라 회전하니 가로대를 감아 돌아서 옷깃이 휘날리며 바람 따라 구불구불하여서 바라보니 하늘에 노니는 신선인 듯하였다.

回西西[27]

立五橫木爲架, 高十餘丈, 上加橫杠安柱頭, 柱內隔四間, 每間置木機
方而長形如日字, 掛於橫杠, 具唧鐵軸以運其機如紡車之轉. 有姣麗童子
數十隊, 各着五方色衣, 緣柱而上, 騎方機抱杠而立. 下有二人作樂淸婉
舒長. 羣童踏機回身, 隨樂聲而轉, 環繞杠上, 衣衫飄揚, 隨風裊娜, 望之
如遊仙在空.

서양추천 - 서양 그네

홍목 4개를 세우고 채란을 만들어 두르니 넓이는 수간이다. 가운데 큰
장대를 세우고, 장대 끝에 횡가 8개를 지르니 우산 같으며, 모두 용두를
조각하여 구리고리를 물렸다. 고리 가운데는 붉은 줄을 묶되 장단이 다
르다. 줄 끝에 홍칠 소판을 설치하고 아래로 땅에 닿지 않게 드리운다.
채의동자가 판을 밟고 올라가 줄을 안고 돌아서 내려온다. 음악을 연주
하여 박자를 맞추니 그 소리가 빠르고도 유장하다. 각 틀마다 8인이 각기
짝을 이루어 몸을 날려 아래위로 번쩍이니 우리나라 그네와 같다. 기관
의 축을 움직이는 데 법이 있어 모이고 흩어지고 빠르고 느린 가운데 모
두 음절이 있다. 회유유와 함께 서양에서 바친 것이다.

西洋鞦韆

立四紅木, 設彩欄圍之, 廣數間, 中竪一大桿, 桿頭橫架八椽, 若傘蓋而
俱刻龍頭, 唧以銅環, 環中結紅索, 長短不齊. 索端置紅漆小板, 下垂不及
地. 綵衣童子踏板而登, 抱索而轉下. 擧樂以節, 其聲迅厲悠揚. 每架八人,
各成對偶, 奮身飄擧, 閃倏上下, 略如我國之鞦韆, 而機軸有法, 離合疾徐,
皆中有音節. 與回西西皆是西洋所獻.

---

27) 朴思浩는 『心田稿』에서 "忽悠悠"라고 하였다.

솔각 – 씨름[28]

어좌 앞에 장부 수십 명이 옷을 벗고 나체로 둘씩 짝을 지어 뛰어오르며 들어와 마당에서 치고받는 것이 각저희와 같다. 승자에게는 상이 있다. 5대 혹 4대를 하고 마친다. 만주족의 옛 풍속이다.

摔脚

御坐前, 數十健夫脫衣裸體, 兩偶成敵, 距躍而入, 相搏於庭, 如角觝之戲. 勝者有賞. 五隊或四隊而罷. 蓋滿人舊俗也.

근두희 – 솟대타기[29]

몇 길 되는 붉은 장대를 마당에 심고, 위에는 가로대를 문미처럼 가로질러 긴 줄을 묶어 놓았다. 채의동자가 줄을 잡고 올라가 나는 듯이 달린다. 혹 한 발로 뒤뚱거리며 걷기도 하고, 허리를 가로대에 걸고 돈다. 혹 머리를 거꾸로 내리고 걸으니 빠르기가 원숭이 같다.

跟阧戲

植紅桿數丈於庭, 上架橫杠如門楣, 繫以長索. 有彩衣小童攀索以上, 行走如飛. 或一脚彳丁而行, 或掛腰環杠而轉, 或植頭倒, 行便捷如猿猱.

이동승 – 줄타기

홍문 앞에 높은 장대 둘을 세워 삼줄을 가로로 걸고, 한 회자가 옷을 벗고 맨발로 장대를 타고 올라가 줄 위를 걷는데 빠르기가 나는 듯하다. 장대 위에서 활을 당겨 4발을 쏘기도 하고, 10여 회자가 그 아래 늘어 앉아 음악을 연주하여 박자를 맞춘다. 한 회자가 손에 쇠몽둥이를 쥐고 환호작약한다. 옛날에는 구리줄을 썼으나 뒤에 발이 미끄러워 떨어져 인명을 상하는 일이 있어 삼줄로 바꾸었다고 한다.

---

28) 레슬링이라고 하면 더 적확할 것이다.
29) 근두희는 원래 땅재주를 가리키나 여기서는 솟대타기와 같은 종목인 듯하다.

纜銅繩

立二高桿於紅門前, 橫繫麻索, 一回子脫衣跣足緣桿而上, 步走索上, 其疾如飛. 或上桿頭彎弓四射, 十餘回子羅坐其下, 奏樂爲節. 一回子手執鐵棍歡呼踊躍. 古用銅繩, 後因脚滑墮落致傷人命, 故易以麻索云.

묘자희 - 묘족(苗族)의 놀이

두 배우가 다리 아래 긴 나무를 묶었으니 길이가 몸의 배이고 줄 위를 걷는다. 또 무사가 동개를 지고 두 발 목마를 타고 마음대로 달리며 부딪친다. 또 10여 인이 가면을 쓰고 무늬 옷을 입었으니 형용이 매우 추하다. 펄럭이며 마주 춤을 추니 우리나라 처용 같다.

苗子戲

有兩優人脚底繫長木, 倍於身, 行步索上. 又有武士負櫜鞬, 乘兩脚木馬, 馳突隨意. 又有十餘人着假面畵衣, 形極醜詭. 翩躚對舞, 如我國之處容者.

사자무 - 사자탈춤

채단으로 사자를 만들고 갈기를 씌웠으니 크기는 소의 배이고, 두 사람이 뒤집어썼다. 굽었다 폈다 빙글 돌며 춤을 추니 모두 절주에 맞다. 백수가 보고서 모두 놀라 달아난다.

獅子舞

彩段作獅子, 被以毛鬣, 高大倍於牛, 兩人蒙之. 屈伸回旋而舞, 皆中節奏. 百獸見之, 皆驚走.

만국내조

황제가 처음 어좌에 오르면 신공 수십 인이 앞에 늘어서서 금혁지악을 연주하니 우리나라 삼현 같아서 소리가 매우 높다. 이에 회자와 묘만, 대소 금천 제번 오랑캐가 각각 그 복색을 입고 재주를 부리니 괴이함을 형용할 수가 없다.

萬國來朝

皇帝初升御座, 身貢數十人列立於前, 奏金革之樂, 如我國三弦, 聲甚
淸越. 於是回子苗蠻大小金川諸蕃胡各着其服, 各陳其技, 詭異不可名狀.

(4) 수희류(獸戱類)

정존겸의 『연행일기』에는 묘족苗族이 청양靑羊을 데리고 재주를 부리
는 「양상수羊上樹」라는 묘기도 들어 있다.

양상수 - 양 나무타기

묘만이 작은 청양을 끌고 마당으로 와 사람은 서서 춤을 추니 빙글빙
글 절주에 맞다. 나무 걸상을 앞에 놓고 양을 올라가게 하여 그 위에서
빙글 돌며 춤을 춘다. 또 한 층을 더 올리고 매번 올라가서 춤을 추게 한
다. 이와 같이 하기를 5~6층을 하고 그만둔다.

羊上樹

苗蠻牽小靑羊至庭, 人立而舞, 盤旋合節, 仍設木凳於前, 敎羊上升, 旋
舞其上. 又加一層, 輒騰上而舞. 如是者凡五六層, 乃止.

원명원의 산고수장각은 궁정 연희의 전용 장소였다. 해마다 조선의
동지사 및 각국의 외교 사절은 원소절 전후 이곳에서 벌어지는 의식에
참여하여 연희를 관람하였다. 정존겸 이후 사행은 원명원에서 수행한
외교 업무를 장계로 국왕에게 보고하면서 이곳의 연희를 언급하였고,
수행원들 가운데 연행록에 상세한 기록을 남긴 이가 있다. 김정중(『연행
록』)은 1792년(정조 16), 이해응(『계산기정』)은 1804년(순조 4), 박사호(『심전고』)는
1829년(순조 29), 김경선(『연원직지』)은 1833년(순조 33)의 원소절 전후에 산고수
장각 연희를 관람하고 기록하였다. 연희의 종목은 해마다 변화가 있으
나 대체로 불꽃놀이와 등불놀이가 중심을 이루었다.

2) 민간 연희

연행 사절단이 북경의 관소나 거리와 극장에서 본 연희는 모두 민간 연희로 규정한다. 연행록에 실린 민간 연희 관련 기록에는 연극류, 잡기류, 수희류가 대부분이고, 민간의 불꽃놀이나 등불놀이에 관한 기록은 드물다. 정월 대보름에는 시가에 등불을 내거는 풍습이 있어[30] 김경선이 1833년 계사년 정월 15일에 관소에서 저녁을 먹고 정사 부사와 함께 거리에 나가 등불놀이를 구경하고 돌아왔다는 짤막한 기록을 남겼다.[31]

(1) 연극류[32]

연행 사절단은 북경을 오가는 연로와 북경 시내에서 연극을 관람하고 기록을 남겼다. 그 기록에서 당시 중국의 극장 및 희대戲臺과 상연제도, 희곡작품, 배우 등 연극의 다방면에 걸쳐 세밀하게 관찰하고 기록하였다. 다만 언어 소통의 문제가 있어 극의 내용에 대해서는 구체적인 기록이 많지 않다. 중국희곡은 음악극이므로 노래를 듣고 가사의 내용을 이해하기는 매우 어려웠기 때문이다. 그러나 기록자는 역관譯官과 중국인의 도움을 받아 극의 내용을 파악하기에 노력하였고, 그 결과 극의 대체적인 내용을 알 수 있는 관람 기록도 있다.

사절단 가운데 북경 시정의 극장에서 상연하는 연극에 관해 가장 상세한 기록을 남긴 이로 홍대용과 김경선을 꼽을 수 있다. 아래는 김경선의 『연원직지』에 기록된 「궤려跪驢」라는 작품에 대한 묘사이다. 그는 자

---

30) 정월 대보름에 등불을 거는 풍속은 송나라 궁정에서부터 성대하게 거행되어 민간으로 퍼졌다.

31) 金景善, 『燕轅直指』, 『국역 연행록선집』 11, 20~27면.

32) 연행록에 실린 연극 관련 기사에 대해서는 필자는 이미 이창숙(2004a), 「燕行錄에 실린 中國戲曲 관련 記事의 내용과 가치」(『中國學報』 50집)로 상세히 논하였다.

신이 직접 본 것이 아니라 희곡을 보고 온 비장과 역관 등 일행의 전언
을 기록하였다고 밝혔다.

　　중국 복식을 한 요염한 소녀가 나와 매우 간드러지게 노래를 부르고,
또 소매 좁은 옷을 입은 사람 하나가 슬(瑟)을 지고 소녀 뒤에 앉으니, 그
집 하인인 듯하였다. 또 수재 한 사람이 당건(唐巾)을 쓰고 소매 넓은 옷
을 입고 나와 의자에 앉아 소녀를 자주 돌아보니 매우 정사(情思)가 있었
다. 그는 슬 짊어진 사람을 몰래 불러 낮은 소리로 몇 마디 말하니 슬 짊
어진 사람이 소녀에게 밀담을 한다. 이윽고 소녀가 처음에는 그 말을 물
리치는 듯하더니 결국 몸을 일으켜 맞은편 의자에 앉아 슬을 가져다가
스스로 퉁기며 노래하는데, 의태가 완전(宛轉)하다. 또 중 하나가 술을
가지고 와서 몰래 슬 짊어진 자를 불러 한쪽 구석에 앉아 서로 마시기를
권하면서 그의 환심을 얻으려 한다. 술이 취하자, 슬 짊어진 자의 귀에
대고 소곤거린다. 슬 짊어진 자는 또 그 말을 소녀에게 전한다. 이윽고
소녀는 의자에서 내려오니 중에게 가려는 듯하였다. 문득 한 사람이 휘
장을 헤치고 튀어나와 못마땅해 하니, 그의 남편인 듯하였다. 중과 당건
쓴 수재가 모두 피해 달아난다. 그 사람은 소녀와 몇 마디 말을 하고 간
다. 소녀는 따라서 무대 뒤로 들어갔다가 곧 다시 나와 의자에 앉아서 노
래를 부른다. 슬 짊어진 자가 또 한 미소년과 함께 나와 미소년이 슬 짊
어진 자를 시켜 여자에게 말을 전하자, 여자는 손가락을 꼽아가며 대답
하니, 날을 세어서 약속하는 듯하였다. 그 사람은 다시 휘장 뒤로 들어가
고, 여자는 또 노래를 부르는데, 자태가 더욱 아리땁다. 잠시 후 그 사람
이 다시 나와 맞은편 의자에 앉는다. 슬 짊어진 자가 촛대와 찻잔 등속을
차리니, 아마 서로 약속한 밤인 듯하였다. 두 사람이 마주 보고 말도 하
고 웃기도 한다. 슬 짊어진 자는 의자 뒤에 숨어 앉는다. 여자는 또 슬을
퉁기고 노래하니 아리따움이 손에 잡힐 듯하다. 그 사람이 먼저 여자의
성을 묻고, 다음에 남편이 무슨 일을 하는가를 물으니, 여자는 아리따운

목소리로 묻는 대로 대답한다. 그 사람은 장사가 잘 되어 생업이 넉넉하고 전당포가 대여섯 군데나 있다고 자랑한다. 여자가 또 노래를 부르니, 그의 넉넉함을 듣고 기뻐서 노래를 부르는 듯하였다. 그 사람이 무릎을 치며 칭찬하고는 차와 과일로 서로 수작하며 점입가경일 때에 그의 남편이 또 갑자기 이르러 한 손으로는 휘장을 헤치고 돌아보며 사람들과 말을 한다. 여자는 남편의 목소리를 듣고 그 사람을 급히 뉘어 의자 뒤의 궤에 넣어서 자물쇠로 잠그고 다구(茶具)를 감춘 다음, 그의 남편을 웃으며 맞이한다. 그의 남편은 의자에 앉아서 몇 마디 말을 한 다음, 삯군 두 사람을 불러 궤를 지우고 전당포로 따라가서 자물쇠 잠근 채로 3백 냥을 받아 품속에 넣고 돌아간다.

　두 사람이 먼저 무대의 서쪽 구석에 전당포를 설치하여 표지를 세우고 그 밑에 열 지어 앉아 있다. 궤속의 사람이 큰 소리로 두어 마디 부르짖으니, 전당포 사람이 매우 놀라서 서로 돌아보며 눈이 휘둥그레져서 머리를 흔들기도 하고 손을 휘젓기도 하며 마구 지껄여댄다. 아마 물건이 오래 되어 신이 붙어 어떤 형상인지 모르지만 사특한 마귀가 궤속에 주접한 것이라 여기는 듯하였다. 마지막에 한 사람이 대담하게 가벼운 걸음으로 가서 궤가에 귀를 대고 그가 하는 말을 듣고서야 비로소 손으로 궤를 두드리고서 눈썹을 찡그리며 지껄이고, 사연을 듣고서는 그가 같은 전당포의 사람이요 마귀가 아님을 안 듯하였다. 그가 지껄이던 바는 위험을 무릅쓰고 이 지경에 이르렀음을 나무라는 말이다. 이에 궤의 문을 열매 그 사람이 어릿어릿하게 나오니, 여러 사람이 앞을 다투어 그의 뺨을 치고, 입을 모아 번갈아 꾸짖는다. 그리고 드디어 모두 휘장을 헤치고 들어간다.

　有唐粧一少女, 甚艷冶, 出而度曲, 聲極纖裊. 又有狹袖者一人, 負瑟坐少女之後, 似其家丁也. 又有一秀才, 唐巾闊袂, 出坐椅上, 頻眄少女, 甚有情思, 乃暗招負瑟者, 低語數句. 負瑟者向少女密語. 移時, 少女始若却之, 終乃起身來坐對椅, 取其瑟自彈自歌, 意態宛轉. 又有一僧, 携酒而

至, 暗招負瑟者, 坐一隅互相勸飮, 務得其歡心, 酒酣附耳細語負瑟者, 又
以語少女. 移時, 少女下椅, 若有就僧之意. 忽有一人, 披帷突出, 帶得不
好意, 似是其夫也. 僧與唐巾者, 皆走避. 其人與少女略叙數語而去, 其女
隨入場後, 卽復出坐椅上唱歌. 負瑟者又與一美少出來, 其人使負瑟者傳
語于女, 女屈指以答, 似是計日爲約也. 其人復入帳後, 女又唱歌, 資態益
妙嬈. 少頃, 其人又出來坐對椅, 負瑟者設燭臺茶鐘等物, 似是相約之夜
也. 兩人相對, 或語或笑, 負瑟者閃坐椅後, 女又彈瑟唱歌, 嬌艷可掬, 其
人先問女姓, 次問其夫甚事, 女以嬌聲隨答. 其人自誇以賣買饒業, 至有
典鋪五六處云. 女又唱歌, 似聞其饒而喜而歌之也. 其人擊節稱賞, 乃以
茶果互相酬酌, 漸入佳境之際, 其夫又闖至, 一手披帷顧, 與人相語, 女聞
夫聲, 急臥其人, 納于椅後大櫃鎖之, 藏棄茶具, 笑迎其夫. 其夫坐于椅上,
說了多少語, 雇招二人, 擔櫃隨往典鋪, 並鎖鑰討銀三百兩, 納于懷中而
歸. 蓋先有數人, 設典鋪於壇之西隅, 立標而列坐其下矣. 櫃中人大聲數
語, 鋪人大驚, 相顧瞠然, 或搖頭或揮手, 語刺刺不止. 蓋疑物久而神, 不
知何狀, 邪魔接住櫃中也. 最後一人, 大膽輕步, 附耳櫃邊, 聞其所言, 始
乃以手叩櫃, 嚬眉嘖嘖, 似是始聞本事, 乃覺其同鋪之人, 非魔也. 其所嘖
嘖者, 責其涉險至此也. 於是, 開櫃門, 其人圇圇而出, 諸人爭批其頰, 交
口迭責, 遂皆披帷而入.[33]

　　장면 묘사가 직접 본 듯이 생생하여 남의 전언을 기록하였다고 믿기
어려울 정도이다. 구경한 사람 중에 역관이 있어 극의 내용을 어느 기록
자보다도 상세하게 파악할 수 있었을 것이다. 이 날 본 연극은 「지리도
地里圖」, 「금교金橋」, 「살견殺犬」, 「영웅의英雄義」가 더 있다. 박사호는 중국
상인 장청운張靑雲을 불러 함께 연극을 보면서 그에게 대사를 역관에게
하나하나 전하게 하고, 다시 역관에게 그 말을 옮기게 하여 들으면서 연

---

33) 金景善, 『燕轅直指』, 『국역 연행록선집』 10, 一三一상좌－四상좌.

극의 내용을 파악하고자 노력하였다.[34] 연행에서 희곡 관람의 경험이 축적되면서 언어의 장벽을 넘어 극의 내용을 현장에서 파악하려는 방안을 강구한 것으로 보인다. 이들의 노력은 중국희곡사의 한 부분을 메울 수 있는 중요한 사료를 남겼다.

(2) 잡기류

오늘날 중국의 잡기는 서커스와 거의 같은 개념이다. 힘과 기술을 이용하는 묘기, 민첩한 손놀림과 눈속임을 이용하는 환술 또는 환희, 성대모사聲帶摹寫에 해당하는 구기口技, 동물을 이용하는 수희獸戱도 모두 잡기로 포괄한다.[35] 연행록에서 잡기에 관한 전문 기록으로는 박지원의 「환희幻戱記」와 김경선의 「환술기幻術記」가 대표적이다. 김경선의 「환술기」를 기준으로 잡기의 명칭을 제시하고, 그와 동일 또는 유사한 잡기를 기록한 연행록을 보인다. 잡기의 명칭은 한국과 중국에 명칭이 있으면 그대로 사용하고, 따로 명칭이 없는 잡기는 필자가 임시로 부여한다. 「환술기」에 기록된 순서대로 제시한다. 잡기의 구체적인 내용은 이미 상세하게 소개되었으므로 이 글에서는 줄인다.[36]

1. 버나돌리기
   金景善, 『燕轅直旨』; 李宜顯, 『庚子燕行雜識』; 李坤 , 『燕行記事』; 徐有聞, 『무오연행록』; 洪大容, 『을병연행록』; 朴趾源, 『熱河日記』.
2. 장협(藏挾), 당채(堂彩), 운반술(搬運術): 보자기와 주발 등을 이용하여 그 밑에 든 물건을 바꾸고, 없애기.
   金景善, 『燕轅直旨』; 李宜顯, 『庚子燕行雜識』; 徐有聞, 『무오연행록』; 朴思浩, 『心田稿』

---

34) 朴思浩, 『心田稿』, 『국역 연행록선집』 9, 179~182면.
35) 이 글에서는 수희는 따로 수희류로 다루기로 한다.
36) 임기중(2002), 『연행록 연구』, 일지사 참조.

3. 관객 모독: 구경꾼에게 오물을 속여 먹이거나 물건을 훔쳤다고 망신 주기.

金景善, 『燕轅直旨』; 洪大容, 『을병연행록』; 朴趾源, 『熱河日記』; 徐有聞, 『무오연행록』.

4. 니환(泥丸), 작은 물건을 크게 키웠다가 다시 줄이기

金景善, 『燕轅直旨』.

5. 엽전 색깔 바꾸기. 엽전 궤기.

金景善, 『燕轅直旨』; 金昌業, 『老稼齋燕行日記』; 무명씨, 『赴燕日記』.

6. 노끈 잘랐다 잇기.

金景善, 『燕轅直旨』; 洪大容, 『을병연행록』; 朴思浩, 『心田稿』.

7. 고리 이었다 풀기.

金景善, 『燕轅直旨』; 李坤 , 『燕行記事』; 무명씨, 『赴燕日記』; 朴趾源, 『熱河日記』; 朴思浩, 『心田稿』.

8. 찻잔 부수었다가 붙이기.

金景善, 『燕轅直旨』; 金昌業, 『老稼齋燕行日記』.

9. 남의 입에 든 주머니 또는 탄환 서로 바꾸기.

金景善, 『燕轅直旨』; 洪大容, 『을병연행록』; 朴思浩, 『心田稿』.

10. 촬롱(撮弄): 무중생유(無中生有), 물이나 술 따르기

金景善, 『燕轅直旨』; 李坤 , 『燕行記事』; 徐有聞, 『무오연행록』; 朴思浩, 『心田稿』.

11. 축소세계: 기계장치나 광학장치를 이용하여 축소된 세계를 보여 주는 기교.[37]

金景善, 『燕轅直旨』.

12. 물통에 종이 풀고 다시 건져 올리기

金景善, 『燕轅直旨』; 李宜顯, 『庚子燕行雜識』.

---

[37] 안상복 교수는 "광학마술"이라고 명명하였다. 안상복(2006), 앞의 책, 320면.

13. 종이 삼켰다가 이어서 토하기

    金景善, 『燕轅直旨』; 朴思浩, 『心田稿』; 徐有聞, 『무오연행록』; 무명씨, 『赴燕日記』.

14. 자박자해(自縛自解)[38]

    金景善, 『燕轅直旨』; 朴趾源, 『熱河日記』; 朴思浩, 『心田稿』.

15. 토화(吐火)

    金景善, 『燕轅直旨』; 李坤 , 『燕行記事』; 무명씨, 『赴燕日記』.

16. 알이나 바늘 등을 삼켰다가 귀와 눈으로 빼내기. 개구리 등 물건 토해 내기.

    金景善, 『燕轅直旨』; 徐有聞, 『무오연행록』; 무명씨, 『赴燕日記』.

17. 탄검(呑劍)

    金景善, 『燕轅直旨』; 李坤 , 『燕行記事』; 朴思浩, 『心田稿』; 무명씨, 『赴燕日記』; 朴趾源, 『熱河日記』.

18. 탄침(呑針): 바늘 삼키기. 바늘 수십 개를 삼켰다 뱉으면 모두 실 한 오라기에 꿰어 나온다.

    金景善, 『燕轅直旨』; 李宜顯, 『庚子燕行雜識』; 홍대용, 『을병연행록』; 무명씨, 『赴燕日記』; 朴趾源, 『熱河日記』.

19. 차력(借力): 걸상, 항아리 등을 머리에 올리거나 던져 받거나 발로 돌리기.

    金景善, 『燕轅直旨』; 李坤 , 『燕行記事』; 金正中, 『燕行錄』; 徐有聞, 『무오연행록』.

---

38) 이 명칭은 『사기(史記)·대완열전(大宛列傳)』의 「색은(索隱)」에 인용된 『위략(魏略)』에 보인다. "여헌(黎軒) 국에 기이한 환술이 많으니 입으로 불을 토하고, 스스로 묶고 스스로 풀고 한다.(犂靬多奇幻, 口中吹火, 自縛自解.)"고 하였다. 여헌국이 어디인지에 대해서는 설이 분분하나 대체로 알렉산드리아라고 하는 견해가 유력하다.

김경선은 알지 못하였으나 박지원과 서유문이 간단하게 전해들은 잡기로 투도偸桃가 있다. 하늘에 올라가서 복숭아를 훔쳐 오는 재주로서 포송령蒲松齡의 『요재지이聊齋志異』에 세밀하게 묘사되어 있다.[39] 박지원은 「환희기서幻戱記序」에 간략한 목격담과 전언을 기록하였다.

아침에 광피사패표루를 지나는데 패루 아래에 수많은 사람들이 둘러 모여 웃음소리가 땅을 흔들었다. 문득 싸우다가 죽어서 길에 가로 누운 자를 보고 부채로 얼굴을 가리고 걸음을 재촉하여 지났다. 종자가 뒤에서 갑자기 쫓아와 괴이한 구경거리가 있다고 불렀다. 나는 멀리서 무엇이냐고 물었더니 종자는 "어떤 사람이 하늘 위에서 복숭아를 훔치려다가 지키는 자에게 얻어맞고서 땅에 툭 떨어졌답니다."라고 하였다. 나는 해괴하다고 꾸짖고 돌아다보지도 않고 왔다.

朝日過光被四表牌樓, 樓下萬人簇圍, 市笑動地. 驀然見鬪死橫道者, 蔽扇促步而過. 從者後, 俄而追呼有怪事可觀. 余遙問謂何, 從者曰, 有人偸桃天上, 爲守者所擊, 塌然落地. 余叱爲怪駭, 不顧而去.

박지원이 광피사패표루 거리에서 본 길거리의 죽은 자는 투도를 연출하는 기예인이었다. 서유문은 『무오연행록』 1799년 1월 24일 자에 "혹 아이를 공중에 던져 천도복숭아를 받들고 내려오니"라고 전언을 기록하였다.

구기口技도 잡기의 주요 종목이다.[40] 홍대용은 북경 융복사隆福寺 앞에서 구기를 들었다. 구기는 청중 앞에서 또는 청중들이 보지 못하게 휘장을 치고 설행한다. 전자를 명춘明春, 후자를 암춘暗春이라고 한다. 홍대

39) 朱其鎧(1989), 『全本新注 聊齋志異』, 北京: 人民文學出版社, 33~35면; 김혜경(2002), 『요재지이』 5, 민음사, 118~122면.
40) 필자는 중국 구기에 대해 이창숙(2002), 「萬籟를 울리는 입의 재주－口技」라는 문장을 발표하였다.

용이 들은 것은 암춘이다.

> 이십구일 늉복수(隆福寺) 댱 구경ᄒ다.
>
> ……
>
> 두어 문을 드니 ᄒ 곳의 사ᄅᆷ ᄒ나히 죠고만 집 속의 교위ᄅᆯ 노코 외외로이 안자 무ᄉᆷ ᄉ연을 반향을 짓거니리 ᄌ시 아라 듯지 못ᄒ나, 대강은 여러 사람다려 혼ᄌ 안즌 말과 겻히 잇ᄂ 거시 업ᄂ 말을 누누히 니ᄅ ᄂ 거동이라. 집 ᄉ면의 휘장(揮帳)을 둘러시되 다 물니여 첨하의 언치고 여러 줄을 미야 그 사람이 ᄒ 손의 모화 쥐엿더니, 말ᄒ기ᄅᆯ ᄆᄎ매 잡은 줄은 노ᄒ니 ᄉ면 휘댱이 일시의 덥치이ᄂ지라. 그 곡졀을 모ᄅ고 잠간 머므러 셧더니 홀연 이 댱(帳) 속의셔 어린 계집의 말ᄒᄂ 소ᄅᆡ 나더니 이윽고 두 사람이 말ᄒᄂ 소ᄅᆡ오, 인ᄒ야 서로 ᄃ토아 울며 싸호ᄂ 소ᄅᆡ 나더니 이윽고 늘근 계집이 싸홈을 말여 달ᄂᄂ 소ᄅᆡ ᄀᆺ더니, 나농은 흉녕한 ᄉ나희 소ᄅᆡ로 두 아히ᄅᆯ 치며 ᄭ짓고 늘근 계집과 서로 ᄃ토니 두 아히 우ᄂ 소ᄅᆡ와 남녀의 싸호ᄂ 소ᄅᆡ 일시의 나ᄂ지라. 굿보던 사람이 일시의 웃고 혹 고이히 넉이ᄂ 기ᄉᆨ(氣色)이러니, 홀연이 줄을 다리여 댱을 거두니 의연(毅然)히 ᄒ 사람이 외로이 안자실 ᄲᅮᆫ이라. 우ᄉ며 여러 말노 지조ᄅᆯ 쟈랑ᄒ고 돈을 달나 ᄒ더라.[41]

(3) 수희류[42]

"재주는 곰이 넘고 돈은 중국 사람이 번다"는 속담이 있다. 연행 사절이 중국에서 곰 재주를 보고 와서 생긴 말인지도 모른다. 수희에 쓰이는 동물은 곰, 호랑이, 개, 원숭이, 양 등이 보인다.

1656년(효종 7) 10월 18일 인평대군 이요는 북경의 옥하관에서 곰 재주

---

41) 소재영 외(1997), 앞의 책, 437~439면.
42) 필자는 연행록에 실린 수희에 대해 이창숙(2004b), 「재주는 곰이 넘고」라는 문장을 발표하였다. 이하는 그 문장의 일부이다.

를 구경하였다.

한족 한 사람이 길들인 곰을 끌고 관소로 들어와 재주를 부리므로 대
가를 주었다. 사나운 짐승을 어떻게 이처럼 길들였는지 매우 괴이하다.
有一漢人牽馴熊入館戱才, 贈纏頭. 惡獸何以如是擾馴, 甚怪.[43]

1712년 숙종 38, 강희 51 12월 12일, 노가재老稼齋 김창업은 십삼산十三
山의 찰원察院에서 개와 원숭이 재주를 보았다.

두 사람이 원숭이 한 마리씩을 데리고 오고, 고양이만한 검은 개 두
마리가 그 뒤를 따랐다. 그들을 불러 들여 재주를 부려 보라고 하였다.
각자 빨간 옷을 꺼내 원숭이에게 입히고, 한 사람이 징을 치면서 소리를
질러 뭐라고 지껄이니 원숭이가 각각 궤를 열고 호인의 모자를 꺼내 쓰
고는 사람처럼 일어서서 빙빙 돈다. 조금 후에 또 한 번 고함을 지르며
말을 하니 원숭이가 다 모자를 벗고 궤 속에서 가면을 꺼내 쓰니 하나는
갈래머리를 한 동자, 하나는 점잖은 수염을 단 장자가 된다. 동자는 총채
를 들었고, 장자는 구부러진 허리에 지팡이를 짚고 서서 빙글빙글 돈다.
얼마 뒤에 다시 벗고 여자의 가면을 쓴다. 한 여자는 시름겨운 얼굴에 수
건을 들고 때때로 눈물을 닦는 시늉을 한다. 잠시 후 여자 가면을 벗고
갑주를 입고 목마를 타고 병기를 잡아 찌르는 시늉을 하면서 몇 바퀴 돌
다가 멈춘다. 그 동작은 징소리로 맞춘다. 이 놀이는 연극을 모방하여 만
든 듯하나 무슨 작품을 연출하였는지는 모른다. 호인들이 하는 말도 배
우의 노래와 같다.
또 개 두 마리에게 수레를 메웠다. 수레 위에는 집을 짓고 휘장을 쳐
놓았는데 크기는 개와 어울린다. 마당 가운데를 달리며 도는데 법도에

---

43) 李濱. 『燕都紀行 下』, 『국역 연행록선집』 3, 四三하좌.

맞다. 또 쳇바퀴 네 개를 1장(丈) 간격으로 땅 위에 둘러놓고 호인이 징을 치면서 뭐라고 지껄이니 개가 쳇바퀴 바깥을 한 바퀴 돌고 선다. 쳇바퀴 한 개를 세워서 문을 만드니 개는 바깥을 한 바퀴 돌고 문을 통하여 나온다. 또 하나를 마주 세우니 개는 다시 그 두 쳇바퀴 문을 통과하여 한 바퀴 돈다. 이렇게 네 개를 다 세우니 개는 그 네 개를 다 통과한다. 또 바퀴 네 개를 串자 모양으로 붙여서 세워 놓으니 개는 직선으로 통과한다. 다시 쳇바퀴 네 개를 서로 대어 연결된 고리 모양으로 세우니 개는 허리를 휘어 동쪽에서 들어가서 서쪽으로 나오고 서쪽에서 들어가서 동쪽으로 나와 네 개의 바퀴를 모두 통과하고 멈춘다. 또 세 개는 붙여 세우고 한 개는 그 위에 올려놓아 山자 모양을 만드니 개는 먼저 한 쪽 가의 바퀴를 통과하고 가운데 바퀴를 통과한 뒤 깡충 뛰어서 위 바퀴도 통과한다. 남은 한쪽 바퀴도 역시 그렇게 한다. 개가 돌고, 들고, 나고 하는 것이 모두 사람의 뜻대로 이고 한 번도 쳇바퀴를 건드려 움직이는 일이 없다. 한 회마다 누웠다가 징소리를 들으면 천천히 일어나 걷는데, 조금도 서두르지 않으니 더욱 기특하였다. 두 호인에게 부채와 종이, 담뱃대를 주어 보냈다.

有兩人各携一猿而來, 二黑犬隨其後, 其犬如猫. 遂招入, 使呈其技, 各出紅衣, 穿其猿. 一人敲鑼叫聲有所云, 於是兩猿各自開檟, 出胡帽戴之, 人立回旋. 旣已又喝聲道辭, 則兩猿皆脫其帽. 又檟中出假面着之, 一雙髻童子, 一美鬚長者. 童子持塵, 長者傴僂扶筇, 相與回旋. 旣已又脫去, 更着女人面, 一女有愁容持巾, 時時作拭淚狀. 旣已又脫女面, 更着甲冑, 跨木馬持兵器, 作擊刺狀, 回旋數次而止. 其行止以鑼聲爲節. 此似倣戱子, 而不知其演何本也. 胡人所道之語, 亦似戱子唱曲矣.

又使兩犬駕車, 車上作屋設帷, 大與犬稱. 馳走庭中, 回轉中規. 又以篩輪四箇, 周回置地上, 相去丈許. 胡人敲鑼有所云云, 其犬從輪外轉一周而止. 乃竪一輪爲門, 犬則從輪外轉一周後, 卽從其門出, 再竪一輪相對. 犬又穿過兩輪而一周, 於是盡竪四輪, 則犬悉穿四輪. 又以四輪連排

串如字樣, 犬則從四輪一直穿過. 又以四輪相比, 如連環狀, 犬乃曲腰轉
折, 東入西出, 西入東出, 盡輪而止. 又以三輪相連, 加一輪于其上, 如山
字形, 犬則先穿邊輪, 又穿中輪, 而卽又騰身跳入其上輪而出, 其一邊亦
然. 其回旋出入, 悉如人意, 而一不觸動其輪. 每回一次, 輒臥聞鑼響, 徐
起而行, 意甚閑暇, 尤可異也. 兩胡, 各與扇紙烟竹以送.[44]

십삼산은 지금 요녕성遼寧省 금주시錦州市에 속하는 지역이다. 떠돌이
로 보이는 2인조 기예단이 원숭이와 개를 데리고 와서 숙소 찰원 마당에
서 놀이를 벌였다.

호랑이를 데리고 다니며 재주를 부리고, 그 아가리에 팔을 집어넣고
머리를 대어도 호랑이는 핥기만 할 뿐 물지 않는 묘기가 18세기 말에 확
인된다. 1777년(정조 원년, 건륭 42) 진하사은진주겸동지사進賀謝恩陳奏兼冬至使
의 부사 이압李坤은 그 이듬해 1월 9일 북경에서 호랑이 재주를 구경하
였다.

또 한 호인이 큰 호랑이 한 마리를 길러 쇠줄로 목을 매어 함에 넣어
지고 왔다. 마당 가운데에 이르러 판자문을 열고 쇠줄을 당겨 끌어낸다.
호랑이가 나오려고 하지 않으니 사발에 물을 담아 먹이자 비로소 나온
다. 큰 쇠못을 땅 속에 깊이 박고 거기에 쇠줄을 매었으나 주인은 그래도
쇠줄을 쥐고 잠깐도 놓지 못한다. 호랑이 높이는 두 자나 되고 길이는 한
발이 넘으며, 온 몸은 누런색이며 긴 무늬가 있다. 모양은 고양이 같은데
중호랑이는 됨직하였다. 주인이 나무 막대기로 치며 주문을 외자 호랑이
는 그 말에 따라 펄쩍펄쩍 뛰거나 엎드려서 꼬리를 흔들며, 누워서 발을
놀리거나 일어서서 돌아다니기도 하고, 앞발로 나무 막대를 움켜쥐기도
한다. 때때로 입을 벌려 소리를 내니 톱 같기도 하고 우레 소리 같기도

---

44) 金昌業, 『老稼齋燕行日記』, 『국역 연행록선집』 4, 三七하우-九상우.

하다. 우리나라 사람이 그 앞을 지날 때마다 머리를 들고 소리를 지르니 매우 위험하고 두렵다. 주인이 모자를 벗고 맨머리를 호랑이 입에 대면 호랑이는 혀를 내밀어 핥는다. 또 팔뚝을 그 입에 넣으면 호랑이는 또 핥는다. 또 손으로 호랑이의 머리를 들고 입을 맞추니 차마 바로 볼 수가 없다. 들으니 길들여 기른 지가 4년이 되었으며, 짊어지고 길을 다니면서 원숭이 놀리듯 한다고 한다.

又有一胡養一大虎, 以鐵索繫頸, 擔於檻中而來. 至庭中, 開其板門, 引鐵索出之. 虎不肯出, 以一碗盛水而啗之, 虎始出來. 以大鐵釘, 深揷地中, 繫鐵索於釘頭, 而其主猶握鐵索, 不敢暫釋. 虎之高爲二尺, 長過一把, 全體色黃, 有長文. 其形如貓而可爲中虎. 其主以一木撞打而呪之, 則虎隨其言而跳踉, 或伏而搖尾, 或臥而舞足, 或起立而盤旋, 或以前足捉其木. 時時張口出聲, 如鉅如雷. 我國人若過其前, 則輒擡頭作聲, 甚爲危怕. 其主脫去其帽, 以赤頭接於虎口, 虎乃出舌舐之. 又納其臂於虎口, 虎又舐之. 又以手擧虎頭接其口, 有不忍正視也. 聞其馴養已爲四年, 而擔行於道路, 如弄猿者云.[45]

1803년(순조 3) 동지사를 수행한 이해응李海應은 「관희원觀戲猿」을 남겼고, 그로부터 30년 후 김경선은 1833년 1월 3일 북경 시내 구경을 나갔다가 재주 부리러 가는 원숭이를 목격하였다. 그는 나흘 후인 1월 7일에 지나가는 원숭이 기예인을 불러 관소 안에서 개와 원숭이의 재주를 구경하고, 「견원양희기犬猿兩戲記」를 남겼으며, 21일에 곰 재주를 보고 「웅희기熊戲記」를 남겼다. 또한 잡기와 함께 공연하는 수희로 뱀 삼키기를 들 수 있다. 뱀을 삼켰다가 코로 빼내는 재주를 보여 주는 것이다. 무명씨의 『부연일기赴燕日記』에 그 간략한 목격담이 있다.

---

45) 李坤, 『燕行記事 下』, 『국역 연행록선집』 6, 四六상좌-四七상우.

4. 연희에 대한 조선 기록자의 인식

고려시대 이승휴李承休의 『빈왕록賓王錄』부터 보이는 원명청元明淸에 대한 외교 사절의 기행문은 후대로 갈수록 내용이 풍부해진다. 연희에 관한 기록도 다양하고 상세해진다. 비슷하거나 동일한 연희를 반복 기록하면서 앞선 기록을 참고 인용함으로써 그 내용이 더욱 풍부해졌다. 시대가 흐를수록 풍부하고 상세해지는 연희 관련 기록에서 연희에 대해 바뀌는 인식을 볼 수 있다. 궁중과 시정에서 본 갖가지 연희의 기술과 재주에 감탄하고, 나아가 교화에 유용하다는 실용적 가치를 인정한다.

명나라 때 북경을 왕래한 사절단은 연희에 관한 기록을 거의 남기지 않았다. 연희를 보지 않았거나 보았더라도 기록할 가치가 없다고 여겼기 때문일 것이다. 조선의 초중기에 해당하는 명대에도 각종 연희는 분명히 공연되었다. 조선 사절로서는 자유롭게 관람하기가 어려웠다는 점을 감안하더라도 그에 대한 기록이 없다는 점은 바로 관찰자의 부정적 시각을 방증한다고 할 수 있다. 이 점은 허봉의 기록에서 직접 확인할 수 있다. 그는 1574년(선조 7년, 만력 2년)의 성절사 서장관으로 북경을 왕래하며 몇 차례 본 연희에 대해 짤막한 평가를 내렸다. 6월 27일 요동성에서 잡희를 보며 언짢아하였다.

> 술이 나오고 음악을 연주하며 배우는 놀이를 펼쳤다. 음악 소리는 우리나라보다 매우 구슬프고 빠르며, 이른바 잡희란 무리하기 그지없다. 가면을 많이 만들어 (사용하니) 기괴한 형상이 한둘이 아니었다. 칼과 창을 어지러이 쓰면서 달려들고 치받으니 잔치 자리가 편치 않았다.
>
> 酒進樂作, 優人呈戲, 樂音之噍殺急促, 甚於我國, 而其所謂雜戲者, 極無理. 多作假面, 奇形怪狀不一而足. 刀槍亂發, 馳突衝奔, 尊俎之間, 爲之不寧.[46]

또 그해 8월 16일 북경의 하마연 자리에서도 환술을 보고 "그 요망함을 간파할 수 없었으니 부혁傅奕에게 부끄러움이 많았다"고 실토하였다.[47] 허봉의 이러한 태도는 연희를 전반적으로 부정했던 주자학에서 비롯되었다고 보인다. 그러나 주자학의 가치관 안에서도 개인별 편차는 분명히 존재하였다. 이때의 정사正使 박희립朴希立은 6월 26일에 잡희 예인을 요동성 숙소로 불러 일행에게 구경 시켰다.

기묘한 연희는 보는 사람에게 우선 그 기술에 대해 감탄하게 만든다. 1656년(효종 7) 10월 18일 인평대군 이요는 곰 재주를 구경하고, 사나운 짐승을 길들인 데 대해 놀라움을 표시하였다. 1791년(정조 15)에 김정중은 원명원에서 궁정 연희를 보고 "비로소 중국의 지혜와 기술이 변방 사람으로서 미칠 수 있는 바가 아님을 알았다(始知中土之智巧, 非偏人所可及也.)"고 감탄하고 있다.[48] 그는 또 이틀 뒤 보름날의 원명원 방생연放生宴에 참가하여 불꽃놀이를 보고 "나는 천지 사이에 제일 장관이라고 여기니, 사람이라면 누구나 그렇지 않다고 하지 않을 것이다(余以爲天地之間, 第一壯觀, 而人孰不曰不然.)"라고 하였다. 그가 이때 본 궁중 연희는 위에 소개한 정존겸의 기록과 거의 같다.

18세기가 되면서 연희를 대하는 태도에 긍정적인 관점이 형성된다. 이는 만주족이 통치하면서 한족에게 체발변복剃髮變服을 강요하여 명조明朝의 복식은 희곡 무대에만 남게 된 현상과 밀접한 관련이 있다. 1712년 2월 21일, 최덕중은 무대 복식에서 '중화'의 흔적을 보고 있다.

> 영평부에 도착하였다. …… 마침 배위(戲子)들의 도구가 진설되어 있어 세 사신이 한 집에 모여서 잠시 보았는데, 그 방법이 우리나라 배우[俳優] 놀이와 같았다. 여러 가지 복식으로 바꾸어 입는데 그 복식은 모

---

46) 許筬, 『荷谷朝天記』, 『국역 연행록선집』 1, 一一五하좌.

47) 許筬, 『荷谷朝天記』, 『국역 연행록선집』 1, 451~452면.

48) 金正中, 『燕行錄』, 『국역 연행록선집』 6, 一八三하우.

두 명나라 송나라 때의 조복과 군복이었으며,『수호전』과 기괴한 일을
흉내내었다. 그러나 말을 알아듣지 못하고 의미도 모르니 볼 만한 것이
없고, 도리어 우스웠다. 중화의 예복을 저자 호인들의 놀이거리로 삼기
에 이르니 슬프도다, 슬프도다.

　　至永平府. …… 適設戱子之具, 三使臣同會一室暫見, 而其法如我東
俳優之戱. 色色改服, 服皆明宋朝服軍服, 而像形水滸傳與奇奇怪怪事.
不過未知話音, 亦不知意味, 不足可觀, 還可笑也. 以中華之禮服及作市
胡弄玩之資, 痛哉痛哉.[49]

최덕중과 동행한 김창업도 같은 이유 때문에 희곡의 기능을 긍정하
였다.

　　그 연출한 것은 모두 이전의 역사와 소설로서 내용이 선한 것도 있고
악한 것도 있어 보는 사람에게 권선징악할 수 있고, 옛날의 관복제도와
중국 풍속 가운데 볼 만한 것이 많다. 요즘 한인들의 후예가 오히려 중화
의 제도를 흠모하는 것은 여기에서 비롯되지 않았겠는가. 이로써 보면
배우[戱子] 역시 없을 수는 없다.

　　其所演皆前史及小說, 其事或善或惡, 使人見之皆足以勸懲, 而前代冠
服制度, 中國風俗可觀者多. 如今日漢人之後生, 猶羨慕華制者, 不由於
此. 以此觀之, 戱子亦不可無也.[50]

김창업은 '희자戱子', 즉 배우도 없을 수 없다고 하여 그 존재의 가치
를 인정하였다. 이는 단순히 무대 위에 명조의 복식을 간직하고 있다는
현상을 넘어 희곡이 가진 권선징악, 즉 교화敎化의 수단이 될 수 있는 가
능성을 보았기 때문이다. 그는 연행 내내 중국의 풍광과 민속을 열정적

---

49) 崔德中,『燕行錄』,『국역 연행록선집』3, 一〇九상우－하.
50) 金昌業,『老稼齋燕行日記』,『국역 연행록선집』4, 一四二하우－四하좌.

으로 채집하고 세밀하게 기록하였다.[51] 이는 새로운 문물에 대한 지적 욕구의 발산으로 보인다. 18세기 후반 형성되는 북학北學의 단초가 김창업과 그의 『노가재연행일기』에 배태되었다고 할 수 있다. 1780년(정조 4, 건륭 45)에 북경을 다녀온 박지원은 「자소집서自笑集序」에서 말하였다.

> 아! 예를 잃게 되면 초야에서 이를 찾는다. 중원의 남은 제도를 보려거든 연극배우에게 가서 찾을 것이요.[52]
> 嗟乎. 禮失而求諸野, 欲觀中原之遺制, 當於戲子而求之矣.

박지원 이후 서유문, 서호수, 이해응 등이 위의 발언을 되풀이하고 있다. 희곡을 비롯한 연희에 대해 긍정적인 인식이 확산되면서 그에 관한 기록도 상세하고 풍부해진다. 1782년의 동지정사 정존겸은 원명원에서 본 궁정 연희를 종목별로 기록하고, 기록한 이유를 밝혔다.

> 위 여러 놀이는 난잡하고 기괴하니 군자가 눈에 담을 것은 아니지만 그래도 천자의 뜰에서 설행하였으니 그 세태를 논할 수 있다. 각저와 등희는 한당 이래로 있었으나 성대의 일은 아니다. 오직 「만국내조」는 「왕회도」의 남은 뜻이 있으니 풍속을 살피는 자가 채집할 만하다. 내가 빠짐없이 갖추어 기록하는 뜻을 아는 사람은 알리라.
> 右諸戲皆淫巧咙詭, 非君子所可寓目而乃陳於天子之庭, 亦可以論其世也. 角觝與燈戲, 自漢唐有之, 而蓋非盛代事也. 惟萬國來朝殆有王會圖遺意, 觀風者或可採歟. 余所以備錄無遺者, 識者尙可以知其意也.

연희는 군자가 눈에 담을 바 아니라는 태도는 허봉과 다르지 않다.

---

51) 金亞利(1999), 「『老稼齋燕行日記』 硏究」, 서울대학교대학원 석사학위논문, 53면 참조.
52) 정민(2000), 『비슷한 것은 가짜다』, 태학사, 152면.

그러나 그 일부는 "관풍자觀風者"로서는 채집할 가치가 있다고 보았다. 그리하여 빠뜨리지 않고 모두 기록하는 뜻을 아는 사람은 알아 줄 것이라고 하였다. 이는 연희 전체에 대한 포괄적 긍정의 자세로 보인다. 더구나 그는 정사였다. 애매하지만 연희를 무시하지 않은 태도는 후대 사행에게 영향을 주었음에 틀림없다. 김경선 등에서 보이는 세밀한 관찰은 대상에 대한 긍정적인 태도가 아니면 불가능하다.

병자호란 이후 북벌론에서 북학에 이르기까지 청조에 대한 태도의 변화는 당시 북경을 왕래하면서 기행문을 작성한 조선 기록자의 연희에 대한 시각의 변화와 동궤同軌을 이룬다.

豊潤 高麗鋪村의 유래 고찰

박현규 | 순천향대학교 중어중문과 교수

1. 머리말

이산離散(diaspora)은 사람들이 고향이나 고국을 떠나 타 지역으로 유랑하며 살아가는 현상들을 지칭한다. 중국 대륙에는 한민족의 이산을 말해주는 지명이 많이 보인다. 이들 지명을 조사해보면 고국의 국명을 그대로 간직하는 곳이 많다. 이산 지명에 살고 있던 옛 한인들은 고국과 고향을 등지고 머나먼 이역의 땅에서 고난스럽게 살아갔지만, 이들은 이산인의 출신지 유래와 애틋한 향수를 간직하고자 지명 속에 자신들의 흔적을 남겨놓았다.

한중 양국은 예로부터 많은 사신들이 오갔다. 한반도와 연경(북경) 사이에는 요동과 하북으로 이어지는 육로 사행노선이 나있다. 육로 사행노선은 시대에 따라 조금 변형이 있지만, 대체적으로 일정한 노선을 따라 오갔다. 오늘날 하북 북쪽 풍윤豊潤의 외곽지에 고려포촌高麗鋪村이 있다. 풍윤 고려포촌은 한민족 이산과 관련된 촌락이다. 이곳은 예전에 육로 사행노선의 길목에 소재하여 많은 사신들이 지나가며 옛 한인의 이산 모습을 보고 깊은 감회를 느꼈던 곳이다.

국내외 학자들은 풍윤 고려포촌에 많은 관심을 가졌다. 필자 이전에 고려포촌을 답사한 이를 열거해보면 조선족 학자 황유복黃有福, 전홍렬, 김경식,[1] 김호림 등,[2] 한국 학자 허세린許世麟, 김성훈金成勳, 허세욱許世旭 등,[3] 중국 학자 이종李琮, 한진사韓振社 등이 있다. 풍윤 선전부 소속의 왕

---

[1] 황유복·전홍렬·김경식(1990), 「옛 고구려 사람들이 살았던 고려포(하북성 풍윤현)를 찾아서」, 『한민족』 2집, 한민족학회, 202~211면.

[2] 김호림(1997), 「고려인들이 숨결 서러있는 고려포」, 『통일한국』 1997년 4월호, 평화문제연구소, 81~83면.

[3] 許世旭(2008), 『허세욱교수의 속열하일기』, 동아일보사, 106~107면.

득성王得成과 이쌍운李雙雲도 고려포촌을 답사하여 이곳이 조선인의 연경
행차의 중요한 역참이라는 사실을 밝혔다.4) 필자는 2007년 1월과 2009년
8월에 고려포촌을 두 차례 답사했고, 풍윤구 문물관리소文物管理所 융입
신隆立新 소장으로부터 명 가정嘉靖 연간에 고려포촌에 세운 '고려포보高
麗鋪堡' 석물 사진을 입수했다. 지금까지 국내외 학자들의 관심이 높았지
만, 아쉽게도 종합적인 고찰이 부족한 편이다. 이에 따라 본 논문에서는
풍윤 고려포촌과 관련된 각종 자료를 수집하여 명칭, 유래, 유물, 위치,
현황, 사신 소감 등 제반적인 사항을 종합적으로 고찰하는데 중점을 두
고자한다.

2. 豊潤 高麗鋪의 명칭과 현황

풍윤 고려포高麗鋪는 때로 고력포高力舖로 기술되기도 했다. 청 광서
연간에 편찬된 『(광서)풍윤현지豊潤縣志』가 있다. 이 책자 「창저倉儲」에서
고력포高力舖은 풍윤성 서쪽 15리에 있다고 했다.5) 여기의 고력포高力舖
은 고려포高麗鋪을 지칭한다. 이 책자 「잡기雜記」에서 고려포高麗鋪은 풍
윤현 서쪽 경수浭水(환향하) 건너 15리에 있다고 했다. 또 풍윤현 지도 중
풍윤과 옥전玉田을 잇는 역참을 나열한 부분에서 고려포高麗舖라고 기술
했다.6) 중국에서는 왕왕 복잡한 획수를 가진 지명을 간편한 획수를 가
진 동음자로 대체하는 경우가 종종 있다. 이러한 현상은 비단 예전에만
일어나는 것이 아니고 오늘날에도 계속 일어난다. '려麗'자가 획수가 많
아 동음자인 '력力'로 대체되었다. 북경 순의順義 소고려영小高麗營, 고려

---

4) 王得成·李雙雲(1993), 「朝鮮人進京的重要驛站: 高麗鋪」 『唐山宣傳』, 1993
년 7기(총71기), 中共唐山市委宣傳部, 19~22면.

5) 『(光緒)豊潤縣志』 권1 「倉儲」: "城鎭西關屬二十屯: 霍家莊, 距城二里, - 高
力舖, 距城十五里."(中國方志叢書本, 華北 150호, 163면).

6) 『(光緒)豊潤縣志』 권3 「雜記」: "舊志云: 自縣西渡浭水十里高麗舖."(앞의
서지, 603면) 및 풍윤성 지도 중 高麗鋪(앞의 서지, 5면) 참조.

영高麗營, 통주通州 대고력장大高力莊 등에서 '려麗'자와 '력力'은 혼용하거나 대체하는 현상을 찾아볼 수 있다.[7]

풍윤 고려포촌은 현 행정지역으로 하북 당산시唐山市 풍윤구豊潤區 풍윤진豊潤鎭에 속해있는 행정촌이다. 풍윤구는 하북성 동부에 위치하며 남쪽으로 당산과 인근하며, 서쪽과 남쪽으로 천진天津 영하현寧河縣과 접하고 있다. 북부는 연산燕山을 접하고 있고, 중남부는 기동평원冀東平原이 가깝다. 지형은 동북쪽에서 서남쪽으로 야산, 평원, 저습지로 나누어진다. 풍윤은 당산 중심지에서 북쪽으로 22km, 북경에서 동쪽으로 120km, 진황도에서 서쪽으로 120km 떨어져있다. 이곳은 예로부터 북경과 요동을 잇는 길목인지라 사방으로 뻗어 가는 교통이 매우 발달했으며, 오늘날에도 경진철도京秦鐵道, 당준철도唐遵鐵道과 경심京沈, 진당津唐 고속도로, 102국도, 112국도를 비롯하여 타지로 연결되는 많은 도로가 형성되어있다.

풍윤의 인류 역사는 원시시대로 거슬러 올라간다. 소속지에 6천 년 전 부락지와 석기가 출토되었다. 요순시대에 유주幽州에 속했고, 하상 시대에 고죽국孤竹國에 속했으며, 주나라 때에 연국燕國에 속했으며, 당나라 때에 어양군漁陽郡에 속했다. 1187년(금 대정 27)에 영제현永濟縣이 세워졌다가, 1368년(명 홍무 1)에 지금의 이름인 풍윤현으로 바뀌었다. 2002년에 행정구획의 조정으로 풍윤현과 원 당산시 새로운 구가 합쳐져 당산시 소속의 풍윤구로 바뀌었다. 구정부(구청)는 태평로가도太平路街道에 소재한다. 소속 관할지에는 3개 가도街道, 18개 진鎭, 5개 향鄕이 있다. 풍윤진은 시내의 동쪽 외곽지인 환향하還鄕河의 양편 지역에 자리 잡았다. 환향하는 일명 경수涇水이다. 진정부(진사무소)는 원래 풍윤현정부가 들어선 조설근서대가曹雪芹西大街에 소재한다. 소속 관할지에는 45개 행정촌이 있다.

고려포촌은 얼마 전까지만 하더라도 6개 행정촌을 가진 고려포향高麗

---

7) 朴現圭(2009), 「북경 지역 韓民族 離散 지명과 유적」, 한민족학회 2009년도 춘계 세미나(5.27), 한민족학회, 19~22면.

鋪鄕의 행정중심지였다. 풍윤이 당산으로 편입되면서 일개의 촌락으로 격하되었다. 풍윤 시내에서 서북쪽으로 7.5km 떨어져있다. 고려포촌은 풍윤 근교에 자리 잡고 있어 시내버스가 다닌다. 당산북참唐山北站(풍윤역)에서 6번 버스를 타거나 풍윤 버스터미널에서 4번 버스를 타고 고려포촌에 내리면 된다. 이곳은 풍윤과 옥전玉田을 잇는 102국도가 지나가고 있어 교통량이 매우 많다. 풍윤과 옥전을 오가는 시외버스를 이용해도 된다. 마을 남쪽에는 노각장盧各莊이 있고, 그 아래에 환향하가 흐른다.

고려포의 마을 모습은 북방 전형적인 근교 구조 형태를 띠고 있다. 가옥이나 건물은 대로변을 따라 기다랗게 형성되어있고, 마을 안쪽에는 광활한 농지가 들어서 있다. 마을 곳곳에는 고려포 이름이 들어간 각종 관공소와 학교, 상점이 들어서 있다. 촌위회 사무실은 서쪽 대로변에 자리 잡았다. 이곳은 예전에 고려포 역참이 들어선 곳이다. 소학교는 마을 북쪽에 자리 잡았고, 중학교는 마을 남쪽, 위생소는 마을 동쪽에 각각 자리 잡았다. 1985년 통계에 의하면 고려포촌에는 인구가 1,820명이고, 경작지가 3474무이다. 주요 농산품은 밀, 옥수수, 쌀이다. 오늘날 고려포촌 사람들은 주로 풍윤 시내에 나가 경제 활동을 전개하고 있다.

3. 豊潤 高麗鋪의 유래와 유물

고려포의 마을 유래에 대해 여러 설이 존재한다. 이들 설 가운데 가장 유력한 것은 당나라 시기 고구려 관련설이다. 얼마 전까지 고려포향 정부는 동구 밖 황토무지 옆에 마을 유래를 기술한 패석을 세워놓았다. 이 패석의 기록에 따르면, 당 태종이 이곳에 황량타謊糧坨을 설치한 고사를 가장 유력한 설로 거론했고, 또 수 양제, 당 고종이 이곳을 지나 고구려를 침공했던 역사도 함께 곁들여놓았다.[8] 『(1993년)풍윤현지豊潤縣志』는

---

8) 황유복·전홍렬·김경식(1990), 「옛 고구려 사람들이 살았던 고려포(하북성 풍윤현)를 찾아서」, 앞의 서지, 202~203면.

고려포촌이 당나라 때 세워졌다고 했고,[9] 고려포를 현지 답사한 황유복 일행, 왕득성 일행들은 모두 당 태종의 황량타 고사를 언급했다.[10]

황량타는 일명 황초타(黃草坨)이며, 고당(高唐) 전쟁의 산물이다. 『(광서)풍윤현지』「고적古蹟」에 의하면, 당 태종은 고구려와의 전쟁에서 고구려 첩자의 정보를 혼란시키기 위해 거짓 양식더미인 황량타를 쌓았다고 했다.[11] 당나라 때 유주 지역(현 북경, 천진, 하북 동북부 지역)은 요동으로 진출하는 길목이다. 당 태종은 고구려를 침략할 때 유주를 요동 전선으로 물자와 군대를 보내는 후방군사기지로 활용했고, 또 요동으로부터 퇴각할 때 고구려 군대로부터 역공을 방비하기 위해 군사 방어시설을 설치했다. 그래서 당산 지구에는 당 태종이 고구려 침공과 관련된 전설이 전해오는 지명이 많다. 예를 들면 당산 대성산大城山 북쪽에서 당 태종이 낚시를 했다는 조어대釣魚臺, 대성산 동쪽과 옥전玉田 동남쪽에서 각각 갑옷을 말렸다는 양갑산晾甲山과 양갑점亮甲店, 천안遷安 동쪽에서 개울을 건넜다는 삼도간三跳澗, 난현灤縣 서쪽에서 군고를 연습했다는 뇌고대擂鼓臺 등이 있다.[12] 특히 난현 황량타 고사는 풍윤 황량타, 북경 황량대誑糧臺 고사와 비슷하다.

다만 풍윤 황량대 고사가 당 태종의 고구려 침공과 관련 있다는 학설로 정립되려면 유적 발굴 조사가 필요하다. 풍윤과 가까운 지역인 계현薊縣 별산진別山鎭 이리점촌二里店村 일대에 적골돈積骨墩이라고 불리는 유

---

9) 豊潤縣志方志編纂委員會(1993), 『(1993년)豊潤縣志』, 북경: 中國社會科學院, 69면.

10) 王得成・李雙雲(1993), 「朝鮮人進京的重要驛站: 高麗鋪」, 앞의 서지, 19면. 王得成(1995), 「中朝・中韓交往的重要驛站 - 高麗鋪」, 河北學刊, 82호, 河北學刊編輯部, 111면.

11) 『(光緒)豊潤縣志』권1 「古蹟」: "誑糧坨, 在縣西北十五里. 相傳唐太宗設, 以誑高麗."(中國方志叢書本, 華北 150호, 138면).

12) 唐山市政協文史資料委員會等(1999), 『唐山歷史寫眞』, 北京: 中國文史出版社, 48~49면.

적이 있다. 적골돈은 적곡돈積穀墩 또는 칠십이태자七十二台子라고 부른
다. 『(민국)중수계현지重修薊縣志』는 적골돈 유적이 당 태종이 고구려 침공
에 실패하여 하북 지역으로 퇴각하면서 병사들의 유해를 이곳에 묻었거
나 고구려 첩자에게 잘못된 정보를 흘리기 위해 거짓 양식더미를 쌓았
던 것이라고 했다.13) 그러나 1976년 문물기관에서 적골돈 유적을 발굴
조사해보니 의외의 결과가 나왔다. 적골돈 유적은 당 태종 고사와 전혀
관련이 없고, 동한 시대 이 일대에 거주했던 호족들의 무덤 군락지로 밝
혀졌다.14) 풍윤 황량타 유적도 혹시 계현 적골돈의 경우처럼 다른 시대
의 유적인지 아닌지를 검증할 필요가 있다. 따라서 유관 기관에서 풍윤
황량대 유적에 대한 발굴 조사가 필요하다.

　다시 본론으로 돌아간다. 고려포촌 부근에 설령 당 태종과 관련된 황
량타 유적이 있다고 하더라도 마을 명칭에 왜 고려라는 이름이 들어갔
는지에 대해서는 여전히 의문점으로 남는다. 필자의 조사에 의하면 북
경과 하북 지역에는 고려 이름이 들어간 지명이 많이 남아있다.15) 이들
지명은 크게 고구려인 관련설, 고려인 관련설, 조선인 관련설로 나눠진
다. 고구려 관련설 가운데 중요한 자료는 고구려 피로인이다. 『구당서
(舊唐書)』「고려전高[句]麗傳」에 의하면 고당 전쟁 때 당 태종은 요동 고구
려성을 함락시키고 1만 4천명이나 되는 많은 고구려인들을 붙잡아 일차
적으로 유주 지역에 집결시켰다. 당초 그는 고구려 피로인들을 각 장병

---

13) 『(민국)重修薊縣志』 권1 「地理·勝境」: "積骨墩, 又名積穀墩, 在州東南二十
　　五里王槓子莊起, 至二里店東止, 絡繹不絕, 有二十餘土阜. 相傳唐太宗征高
　　麗時, 兵敗, 死傷甚多, 收其骸骨, 積於此地, 以土覆於上而成阜. 又相傳云:
　　唐太宗征高麗不利, 退兵於此. 恐高麗追襲下, 以土築阜, 上堆糧米, 使高麗
　　諜者見糧米廣貯, 使之懼而不追, 二說未知孰是."(中國方志叢書本, 華北 180
　　호, 114면).
14) 『(1991년)薊縣志』 第20編 第6章 중 「別山漢墓群」 참조(南開大學出版社·天
　　津社會科學院出版社本, 753면).
15) 朴現圭(2009), 「북경 지역 韓民族 離散 지명과 유적」, 앞의 서지, 17~31면.

들에게 나누어주려고 하다가, 나중에 이들로부터 몸값을 받고 백성으로
방면시켰다.[16] 이때 고구려 피로인들은 유주 각지에 집단적으로 분산
정착하게 되었다. 통주通州 대고려장大高麗莊, 순의順義 소고려영小高麗營,
순의順義 고려영高麗營, 하간河間 고려성高麗城 등이 고구려 피로인이 정착
하거나 건립한 곳이라고 전해온다.

　왕득성·이쌍운은 풍윤현 선전부에 근무했다. 이들은 1990년대 초에
관할 지역의 고려포촌을 현장 조사하면서 촌로들을 만나 마을 유물과
명칭 유래에 대해 여러 자료를 수집했다. 촌로 풍호馮浩(당시 82세)는 윗대
부터 전해오는 말에 의하면 당나라 때 조정이 이곳에 구역을 정하고 고
(구)려인에게 사용하고, 청나라 초기까지 고려인 군인들이 지키고 있었다
고 했다.[17]

　그런데 왕득성·이쌍운은 원나라 시대의 고려인 관련설도 끄집어내
었다. 원나라 때 각 지역 사이의 정보 연계를 강화하기 위해 급체포急遞
鋪을 설치하여 사방으로 오가는 문서를 전달하였다. 고려포 이름은 바로
여기에서 나왔고, 많은 고려인들이 거주했다고 했다.[18] 필자가 왕득성·
이쌍운이 내세운 논리를 분석해보니 다소 모호한 점은 있지만, 그 나름
대로 참고해볼 가치는 있다고 생각된다. 고려포 지명에는 급체포를 지
칭하는 포자가 들어가 있다. 급체포는 송나라 때 처음 만들어졌고, 원나
라 때 널리 사용되었으며, 명나라 때에는 수마역水馬驛과 체운소遞運所와
더불어 역참의 3대 기구로 발전했다. 이 제도는 각 지역 사이에 긴급한
정보를 원활하게 전달하기 위해 만들어졌다. 각 역마다 준비된 역마를
교대로 갈아타고 계속 이어 달리게 하여 급한 공문서를 먼 곳까지 신속
하게 전달시켰다. 따라서 고려포 지명은 원나라가 아닌 급체포가 처음

---

16) 『舊唐書』권199상 「高(句)麗傳」: "初, 攻陷遼東城, 其中抗拒王師, 應沒爲奴
　　婢者一萬四千人, 並遣先集幽州, 將分賞將士. 太宗愍其父母妻子一朝分散,
　　令有司準其直, 以布帛贖之, 赦爲百姓."(中華書局本, 5326면).
17) 王得成·李雙雲(1993), 「朝鮮人進京的重要驛站: 高麗鋪」, 앞의 서지, 20면.
18) 王得成·李雙雲(1993), 「朝鮮人進京的重要驛站: 高麗鋪」, 앞의 서지, 20면.

생긴 송나라에도 이미 존재하고 있었을 개연성이 있다.

조선시대 연행 사신들은 빈번히 고려포를 지나갔다. 이들 사신들은 고려포의 유래에 대해 어떻게 생각하고 있는가? 고려포 지명을 구체적으로 기술한 현존 문헌 중 가장 빠른 기록은 권벌權橃의 『조천록朝天錄』이다. 권벌은 1539년(중종 34)에 사신이 되어 연경을 향해 나가면서 고려포를 지나갔다. 이때 그는 고려포 지명이 우리나라 국호가 들어가 있는 점을 보고 그 유래에 대해 주위에 물어보았으나, 자세한 내력을 듣지 못했다.[19]

1720년(숙종 46)에 이기지李器之은 고부사로 연경(북경)을 다녀왔다. 그는 고려포를 지나면서 이곳이 당 태종이 요동을 침공하여 사람들을 이주시킨 촌락이라고 했다.[20] 1746년(영조 22)에 윤급尹汲은 동지부사로 연경에 나가 이듬해 돌아왔다. 그는 고려포를 지나면서 마을 유래에 대해 이기지와 같은 견해를 남겼다.[21] 1780년(정조 4)에 조선 조정은 청 건륭제의 70세 탄신을 축하하기 위해 진하사를 보냈다. 이때 노이점盧以漸과 박지원朴趾源은 수행원 신분으로 사행에 따라나섰다. 노이점은 고려포를 지나면서 마을 유래에 대해 남긴 대목이 있다. 『수사록隨槎錄』 경자庚子 7월 28일조에서:

> 소위 高麗堡라는 것은 당 태종이 요동을 정벌할 때 우리나라 사람들이 붙잡혀 이곳에 와서 거주했다고 한다. 이것이 사실인지 아닌지 알지 못한다.[22]

---

19) 權橃 『朝天錄』(『冲齋先生文集』 권8) 10월 14일조: "早發涉還鄕河, 過高麗鋪, 夕至玉田縣陽樊驛. 高麗鋪, 問之未詳."(安東權氏忠定公派本, 372면).

20) 『一菴燕行日錄』 권2 숙종 46년 9월 14일조: "盧家庄至高麗堡, 此乃唐太宗征遼所移之民也."(燕行錄選集補遺本, 책상, 279면).

21) 尹汲 『燕行日記』 영조 22년 12월 24일조: "抵高麗堡, 堡有水田, 可播數石種. 傳言唐太宗征時所得麗民於此."(燕行錄全集日本所藏編本, 책1, 231면)

22) 『수사록(隨槎錄)』 경자(庚子) 7월 28일조: "所謂高麗堡者, 唐太宗征遼時,

당 태종의 요동 정벌은 고구려 침공을 지칭하고, 아국인은 고구려인을 지칭한다. 앞서 살펴보았듯이 중국 문헌에는 대부분 고려포의 마을 유래가 당나라 시대 고구려 피로인에 의해 건설되었다는 설을 견지하고 있다. 노이점은 고구려인 정착설을 듣고 나서 사실 여부에 대해 궁금했으나 확인할 수가 없었다. 그는 말 위에서 길에 있는 사람들에게 고려 사람이 아직 있는가를 물어보았는데, 마을 사람은 대답하지 않고 웃기만 하였다.

그런데, 여기에 흥미로는 기록이 있다. 이번 사행에 노이점과 동행한 박지원은 이와 전혀 다른 설을 내놓았다. 『열하일기熱河日記』「관내정사關內程史」에서:

> (7월) 28日 갑진. -- 풍윤성에서 새벽에 떠나 고려보(高麗堡)까지 10리였다. -- 고려보에 이르니, 집들이 모두 띠 이엉을 이어서 몹시 쓸쓸하고 검소해 보인다. 이는 묻지 않아도 고려보임을 알겠다. 앞서 정축년에 잡혀 온 사람들이 저절로 한 마을을 이루어 산다.[23]

여기의 정축년은 1637년(인조 15) 정축호란을 지칭한다. 1636년(병자년; 인조 14)부터 이듬해(정축년)까지 청나라는 조선을 침략하여 소위 병자·정축호란을 일으킨다. 이때 청나라 군인들은 한반도에서 막대한 피해를 입히고 많은 조선인들을 붙잡아 자국으로 끌고 갔다. 조선 피로인들은 때로는 팔기군에 편입되고 때로는 만주인의 하인이 되었다. 박지원은 정축년 피로인들이 고려포에 들어와 절로 한 마을을 이루었다는 견해를 남겼다. 이 견해는 이재학李在學 등 전대의 전문에 의해 확대 해석된 것

我國人被捉而來居生於此, 未知其是否?"(燕行錄全集本, 책41, 73면).

23) 『熱河日記』「關內程史」: "二十八日甲辰. … 自豊潤曉發, 至高麗堡十里. … 行至高麗堡, 廬舍皆茅茨, 最寒儉, 不問可知爲高麗堡也. 丁丑被擄人自成一村."(民族文化推進會國譯本, 原文 594면).

이다. 박지원·노이점보다 2년 앞서 연경을 다녀온 이재학은 정조를 알
현하는 자리에서 고려포는 옛 고려인이 병란을 피해 들어가 저절로 한
마을을 이르고 있다고 했다.[24] 이재학의 진술과 박지원의 견해 사이에
미묘한 차이를 보이고 있다. 이러한 차이는 고려포 마을의 형성이 옛 한
인의 이주가 자발적으로 이루어졌는지 아니면 강제적으로 이루어졌는
지를 판단하는데 중요하다.

당시 연경을 오가던 조선 사신들 사이에 정축년 피로인설이 널리 퍼
졌고, 또 후대에 들어와서도 이러한 전문은 계속 흘러나왔다. 1784년(정조
8)에 김익金熤은 병자·정축호란 때 조선 피로인들이 이곳에 모여 살았다
고 했고,[25] 1801년(순조 1)에 이기헌李基憲은 병자·정축호란 때 피로인들이
모여 촌락을 이루었다고 했으며,[26] 1831년(순조 31)에 한필교韓弼敎은 병
자·정축호란 때 조선 피로인들이 이곳에 많이 거주하여 마을을 형성했
다고 했다.[27] 1846년(헌종 12)에 이헌구李憲球은 연행 도중을 고려포를 지나
면서 정축년 피로인설에 대해 보다 구체적으로 언급하였다. 『연사록燕槎
錄』 「고려점高麗店」 자주에서:

> 고려보(高麗堡)는 풍윤 지방에 있다. 정축년 우리나라 피로인들이 심양
> (瀋陽)에서 이곳으로 옮겨와 한 마을을 만들은 고로 명명되었다. 고려인들
> 은 이미 산서(山西)로 이주를 가서 지금 남아있는 자들이 없다고 한다.[28]

---

24) 『承政院日記』 정조 2년 4월 2일조: "高麗舖者, 卽古之高麗人, 避兵入居, 自
　　成一村, 仍名爲高麗舖." (한국사데이터베이스본; 이하동일).

25) 『竹下集』 권4 「高麗村」 자주: "在豊潤縣界. 丙丁之亂, 東民被俘者聚居于此,
　　名其居曰高麗村云."(韓國文集叢刊本, 책240, 293면).

26) 李基憲 『燕行日記』 순조 1년(신유) 12월 21일조: "(高麗堡)世傳此丙丁被擄
　　人聚居成村."(燕行錄全集本, 책65, 131면).

27) 韓弼敎 『隨槎錄』 권3 「遊賞隨筆下·高麗舖」: "又五里而到高麗舖, 村閭頗
　　盛, 皆覆茅茨. 盖東人之俘於丙丁者, 多居此地. 自成一村."(燕行錄選集補遺
　　本, 책중, 295~296면).

28) 『燕槎錄』 「高麗店」 자주: "高麗堡, 在豊潤地方. 丁丑我國被擄人, 自瀋陽徙

정축년에 조선인들이 청나라 군대에 의해 심양으로 붙잡혀왔다. 조선 피로인은 심양에서 이곳으로 옮겨 고려포를 만들었다. 그 후 고려포를 형성한 원 조선인들은 산서山西로 이주하여 지금 남아있는 이들이 없다. 이헌구의 기록이 구체적인 것은 사실이지만, 그가 어떤 근거에서 이러한 말을 했는지 알 수 없다. 그러나 하나 분명한 사실은 고려포의 최초 촌락 형성이 정축년 피로인설과 무관하다는 점이다. 고려포 마을은 병자·정묘호란보다 훨씬 이전에 건설되어 있었고, 또 촌락 명칭에 이미 고려라는 글자가 들어가 있었다. 고려포의 촌락 유래에 관해 당나라 때 고구려인에 의해 마을이 건설되었다는 유력한 설을 제외하더라도 조선 초기에 이미 촌락 명칭이 고려포라는 분명한 증거가 남아있다. 당시 고려포를 지나간 권벌, 배삼익裵三益, 이호민李好閔, 이안눌李安訥 등은 이곳의 마을 이름이 고려포라고 밝혀놓았다. 또 뒤에서 언급하겠지만 명 가정 연간에 고려포 마을에 세운 '고려포보'라는 석물이 현존해있다. 1818년(순조 18)에 성우증成祐曾은 정만석鄭晩錫의 종사관으로 연경에 다녀오면서 『명산연시록茗山燕詩錄』을 남겼다. 그는 고려보가 명나라 때 이미 존재하기 때문에 정축년 피로인에 의해 건설되지 않았다고 했다.[29] 그러므로 정축년 피로인설은 문제가 다분히 있다.

다만 결론을 내리기 앞서 필히 고려해봐야 할 사항이 있다. 병자·정축호란 때 많은 조선인들이 중국 대륙으로 넘어갔다. 이들은 절대 다수가 청나라 군대에 의해 강제로 붙잡힌 사람들이지만, 더러는 정치 문제와 생활 곤경으로 자발적으로 요동으로 이주해간 사람들도 있다. 청나라 만주족은 자신들의 군사력을 강화시키기 위해 일부 조선인들을 팔기군의 일원으로 편입시켰다. 팔기군에는 조선인 출신으로 편성된 독립된

居此, 自成一村, 故名. 而高麗人已徙去山西, 今無餘者云."(燕行錄選集補遺本, 책중, 390면).

29) 『茗山燕詩錄』 권4 「高麗堡」: "四面中州土, 一區高麗土." 자주: "已自皇明時有此堡, 非丁丑被擄也."(燕行錄全集本, 책69, 196면).

부대가 있었다. 그 실례로 조선인 출신 좌령佐領을 들어보면, 정황기正黃
旗에는 고려(조선)좌령 2명, 정홍기正紅旗에는 조선좌령 2명이 있었다.[30]
청나라는 입관入關 이후 황성 연경을 보호하기 위해 팔기군의 주둔지를
전면 재조정하였다. 이때 하북 북부 지역에는 정황기, 양황기鑲黃旗 등
팔기군과 그 하부 둔민들이 정착하였다. 이들 정착촌 가운데 조선인 출
신의 집단촌도 생겼다. 예를 들면 청룡青龍 고려포나 박씨 집단촌은 원
래 양황기 소속의 조선인 출신으로 추정된다.

그래서 혹시 있을 줄 모르는 경우의 숫자를 생각해봐야 한다. 풍윤
고려포가 고구려인에 의해 마을이 처음 건립된 이후에 병자·정축호란
때 조선 피로인들이 다시 이주해왔던 경우이다. 만약 이러한 추측이 사
실이라면 풍윤 고려포는 한민족 사람들의 이주가 크게 두 차례 있었다
고 하겠다. 한번은 당나라 초기에 고구려 피로인들이 고려포로 강제 이
주했고, 다른 한번은 병자·정축호란 때 조선 피로인들이 다시 고려포로
강제 이주했다고 할 수 있다. 그러나 이러한 추측은 어디까지나 혹시 있
을 줄도 모르는 경우의 숫자를 고려한 것이고, 현존 자료에서는 이러한
추측을 뒷받침해 줄 일말의 증거도 찾아볼 수 없다.

다음으로 고려포에서 발굴되었던 유적과 유물에 대해 알아본다. 명
나라 때 고려포에는 보루가 세워졌다. 최근 고려포 마을에서 이러한 사
실을 입증해주는 비석이 나왔다. 길이는 75cm이고, 너비는 45cm이며, 재
질은 홍석이다. 테두리는 덩굴무늬이고, 글씨는 음각이다. 비문의 가운
데에는 가로로 대자 '고려포보高麗鋪堡'라고 새겨져있고, 좌측 옆에 세로
로 소자 '대명가정삼십년사월길일립大明嘉靖參拾年肆月吉日立'이라고 새겨
져있다. 황유복 일행은 답사기에서 고려포촌 한 가옥에서 대문 주춧돌
로 괴어있는 이 석물을 발견한 당시의 과정을 생생하게 기술해놓았다.[31]

---

30)『(欽定)八旗通志』권5「八旗佐領·正黃旗」(文淵閣本四庫全書本, 책664, 370
면)와 권8「八旗佐領·正紅旗」(동서, 409~410면) 참조.

31) 황유복·전홍렬·김경식(1990),「옛 고구려 사람들이 살았던 고려포(하북성

가정 30년은 1551년이다. 당시 고려포는 중요한 군사 기지였다. 고려포 마을에는 가정 30년에 작성된 「순천부계주풍윤현위여전수대계이실효비順天府薊州豊潤縣爲予戰守大計以實效碑」가 나왔다. 비문에 '흠차총독계료보정등처군무병부유시랑겸도찰원우첨도어사하欽差總督薊遼保定等處軍務兵部有侍朗兼都察院右僉都御史何'라는 글자가 들어가 있다. 『명실록明實錄』에 의하면 여기의 '하何'는 하동何棟을 지칭한다. 그는 하북과 요동 지역을 지키는 변방 관원으로 고려포에 주둔한 적이 있었다.[32]

이외에 고려포 마을에는 역참이나 마을에서 사용했던 많은 유물들이 출토되었다. 출토 유물은 홍동분紅銅盆, 철쾌자鐵筷子, 도부陶釜, 도병陶瓶, 도옹陶瓮, 도증陶甑, 도관陶罐 등이다. 이중에 도관은 무늬가 정제하고 아름다웠다. 당국은 고려포촌위회 옆에 고역참문물古驛站文物 전시실을 만들어 이들 유물들을 한동안 전시 운영하였다. 그 후 관리 소홀로 인하여 상당수 유물들이 도난당하거나 파손되었다. 2003년 張洪河의 보도에 따르면, 당시 남아있는 유물은 도병 1기, 도옹 1기, 석구石臼 2점과 무거운 비석뿐이었다고 했다.[33] 현재 이들 유물들은 당산시풍윤구문물관리소唐山市豊潤區文物管理所 수장고로 이전해놓았다.

왕득성·이쌍운의 고려포 현지 조사에 의하면, 1966년까지만 하더라도 마을에는 고려분高麗墳이 70여 기가 있었다. 그중에 비교적 큰 무덤 4기가 있는데, 가장 큰 것은 고려장군묘高麗將軍墓이다. 늑국존勒國存: 당시 80세의 기억에 따르면 10세 전후에 장군묘에는 글자가 마멸된 비석이 있었고, 훗날 가옥들이 들어서면서 분묘 흔적을 찾아볼 수 없다고 했다.[34] 그러나 문제는 이들 분묘가 과연 고려인(또는 고구려인)들의 것이라는 촌로들의 구전 외에 딱히 다른 증거가 없다는 점이다. 혹시 이들 분묘가 고

풍윤현)를 찾아서」, 앞의 서지, 209~210면.

32) 王得成·李雙雲(1993), 「朝鮮人進京的重要驛站: 高麗鋪」, 앞의 서지, 21면.
33) 張洪河, 「唐山高麗鋪堡文物毀壞嚴重亟待保護」, 新華网, 2003年10月17日字.
34) 王得成·李雙雲(1993), 「朝鮮人進京的重要驛站: 高麗鋪」, 앞의 서지, 27면.

려포 마을에 거주했던 후대 중국인의 것이 아닌지? 앞으로 유관 당국에서 이들 분묘에 대한 발굴 조사가 있기를 기대한다.

청나라에 들어와서도 고려포는 여전히 중요한 역참과 포사로 활용되었다. 『(옹정)기보통지畿輔通志』에는 당시 고려포를 비롯한 풍윤 일대에 설치된 역참에서 사용했던 전체 비용과 둔전답의 면적을 기술해놓았다. 고려포에는 포사를 지키는 병사를 20명 두었고, 매년 비용은 120량이다. 또 인근 노각장盧各莊 등과 함께 둔전 크기가 16경 25무 1분이라고 했다.[35] 고려포는 주요 역참답게 공문 전달과 관인 접객을 맡아 운영할 수 있는 전담 인력을 두고 왕성한 활동 모습을 보여주었다. 그러다가 민국 초에 이르러 풍전과 옥전을 잇는 새로운 개념의 도로가 개통되고, 운송 수단의 발달로 인하여 고려포는 더 이상 역참으로서의 활용 가치가 소멸되었다. 이 이후로부터 고려포는 풍윤의 외곽지에 소재한 하나의 촌락으로 격하되었다.

4. 조선사신의 豊潤 高麗鋪 기록과 소감

예로부터 한국과 중국 사이에는 무수히 많은 사신들이 오갔다. 각 시대별로 크게 중국 수도의 위치, 교통편의 종류에 따라 사행 노선이 다르다. 명 영락제는 수도를 응천부(남경)에서 연경(북경)으로 옮겼다. 1409년(영락 7) 이후 조선의 사행 노선이 크게 바뀐다. 조선 사행들은 그동안 육로와 해로를 번갈아 응천부로 들어가는 노선에서 요동과 하북으로 이어지는 육로를 따라 연경으로 들어갔다.

고려포는 연경과 요동으로 연결되는 중요한 역참 중의 하나이다. 조

---

35) 『(雍正)畿輔通志』 권44 「舖司・永平府・豊潤縣」: "城東爲垠城舖・板橋舖・鐵城舖, 西爲七里舖・高麗舖・閻家舖・沙流河舖, 西北爲梁家舖・黨峪舖. 設舖司兵二十名, 每年支銀一百二十兩."(四庫全書本, 책505, 36면).
　동서 권46 「水利營田・豊潤縣」: "雍正四年, 縣治西高麗舖・盧各莊等處, 營治稻田, 共一十六頃二十五畝一分."(앞의 서지, 75면).

선 사신들이 풍윤현과 옥전현 사이를 지날 때에는 필히 고려포를 지나
갔고, 때로는 이곳에서 휴식을 취하거나 숙박을 하기도 했다. 그래서인
지 조선 사신들이 남긴 각종 사행록에는 고려포를 언급한 문장이 많이
보인다. 특히 이들은 지명이 옛 한인과 관련이 있는 것을 보고 깊은 관
심을 표하거나 감회에 젖곤 했다.

　1539년(중종 34)에 권벌은 풍윤을 떠나 고려포를 지나갔다. 앞서 언급했
듯이 이 기록은 현존 문헌 가운데 고려포 지명이 들어간 최초 사례이다.
권벌은 지명에 고려가 들어가 있는 것을 보고 관심을 가지고 지명 유래
에 대해 물어보았으나, 아쉽게도 자세한 내력을 듣지 못했다. 그 후 조
선 사행록에는 고려포가 들어간 기록들이 자주 보인다. 1587년(선조 20)에
裵三益은 사행 길에 고려포를 지나가다가「과고려포차왕천조운過高麗鋪次
王天祚韻」이라는 시를 남겼다.36) 1592년(선조 25) 임진란 발발 직후에 진주
사로 나갔던 정곤수鄭崑壽은 귀국 길에 고려포에서 점심을 먹었다.

　1600년(선조 33)에 이호민李好閔은 동지중추 겸 사은부사로 연경 길에
나섰다. 하루는 고려포를 지나가면서「도환향하, 과고려포渡還鄉河, 過高麗
鋪」를 지었다. 『오봉선생문집五峰先生文集』 권6에는 이 시편이 수록되어
있는데, 여기에서는 전반부만 들어본다.

> 客渡還鄉河　객은 환향하를 건너
> 來入高麗鋪　고려포에 들어서니
> 靑春喜還鄉　푸른 봄날 고향 돌아와 기쁘다가
> 旣喜翻自虞　기쁨은 근심으로 바뀌었네
> 駐馬問童子　말을 멈춰 동자에게 묻는다
> 此是吾鄉無　이곳이 내 고향이 아니냐고

---

36) 『臨淵齋先生文集』 권3「過高麗鋪次王天祚韻」: "胡水通遼海, 胡山勢接連,
　　城中經賊火, 野外少人烟, 去矣何時了, 懷哉曷月還, 乘槎行萬里, 吾亦羨張
　　騫."(韓國歷代文集叢書本, 책208, 18면).

童子笑不應   동자는 웃으며 응대하지 않고
謂我眞狂奴   나한데 진짜 미친놈이라 말하네
客是朝鮮人   객은 조선 사람이오
是處近燕都   이곳은 연도(燕都)에 가깝다
四海雖一家   사해가 비록 일가라지만
謂鄕寧非愚   고향이라 말하니 어찌 어리석지 않으리
我聞亦不信   나 또한 들어도 믿을 수 없어
怒目張虯鬚   눈 부릅뜨며 수염을 세웠도다
高麗我國名   고려는 우리나라 명칭이오
還鄕指吾徒   환향(還鄕)은 우리 무리를 지칭한다
若說非我鄕   내 고향이 아니라고 말한다면
此名胡爲乎   이 지명은 무엇이란 말인고
春是故園色   봄은 고향 동산의 빛이고
柳亦吾家株   버들도 내 집의 나무일세[37]

　　시속에 등장하는 객, 아는 모두 시인 자신을 지칭한다. 이호민은 이번 사행에서 한양을 떠나 압록강을 건넜고, 또한 요동과 산해관을 지나 풍윤에 도달하였다. 이때 그는 이미 장시간 먼 사행 길을 가면서 육체적이나 심적으로 상당히 피곤한 상태였다. 이날도 여타 여정처럼 아침에 풍윤에서 출발하여 환향하를 건너 고려포에 들어섰다.

　　환향하는 오늘날 풍윤 서쪽으로 흐르는 강이고, 고려포는 환향하의 서편에 자리 잡았다. 환향하에는 예로부터 슬픈 고사가 전해오고 있다. 북송 휘종徽宗은 금나라 군대에 붙잡혀 북쪽으로 잡혀가면서 황향하를 건너갔다. 중국의 강들은 모두 서쪽에서 동쪽으로 향해 흘러가고 있는데, 환향하만 동쪽에서 서쪽으로 흘러가고 있다. 휘종은 환향하의 흐름

---

37) 「渡還鄕河, 過高麗舖」 『五峰先生文集』 권6(韓國文集叢刊本, 책59, 408면).

을 보고 고향으로 돌아가고 싶은 절박한 심정을 토로했다. 그러나 그는
나중에라도 생전에 다시 이 강물처럼 고향으로 돌아갈 수 없다는 사실
을 잘 알고 있었다. 깊은 체념 속에서 끼니도 거른 채 쓸쓸히 저 멀리
북쪽 땅으로 끌려가야만 하였다.[38]

　이호민은 환향하와 고려포에서 고향과 고국을 상징하는 지명을 보고
향수병이 단단히 도졌다. 그래서 그는 이곳이 바로 내 고향이고, 봄은
고향의 빛이며, 버들은 고향집 나무라고 말했다. 동자는 이곳이 어찌 너
고향이냐고 미친놈이 아니냐고 힐문을 해도 이미 그의 마음은 고향에
가 있어 기쁨이 얼굴 밖으로 절로 묻어 나왔다. 또한 이호민은 고려포 지
명에서 민족의식을 느꼈다. 자신은 조선 사람이고, 고려는 우리나라 국
명이라고 말했다. 고려포는 비록 중국 땅 연도燕都(북경)에 가까운 곳에
있지만, 일찍이 이곳에 자국민들이 들어와 살았던 땅이라는 사실을 밝
히고 있다.

　이와 같이 고려포 지명은 조선 사신들에게 동질 내지 동족 의식을 느
끼게 하기에 충분하였다. 이안눌李安訥은 1601년(선조 34)에 진하사 서장관,
1632년(인조 10) 주청부사에 각각 연경에 다녀왔다. 『조천후록朝天後錄』(『동
악선생집(東岳先生集)』 권20)에는 1633년(인조 11)에 연경에서 귀국하는 도중 고
려포에서 지은 「고려포구호高麗鋪口號」가 있다. 이 시를 감상해본다.

　　　　遠離鄕國滯孤身　멀리 고국 떠나 머물고 있는 외로운 몸
　　　　歸路心驚見似人　귀로에서 비슷한 사람을 보고 놀라네
　　　　古舖翻傳號高麗　옛 포에는 고려 이름이 계속 전해오고
　　　　一般村柳十分新　똑같은 마을 버들이 아주 새롭구나[39]

---

38) 『(雍正)畿輔通志』 권42 「津梁·永平府」 還鄕橋條: "在豊潤縣西還鄕河上,
　 自昔高麗遼東往來要路也. 舊志: 宋徽宗北轅過橋, 駐馬四顧, 曰: 吾安得似
　 此水還鄕也. 因不食而去."(앞의 서지, 책504, 쪽934).
39) 『東岳先生集』 권20 『朝天後錄』 중 「高麗舖口號」 참조(韓國文集叢刊本,
　 책78, 386면).

이안눌은 머나먼 타국에서 사신 업무를 무사히 마치고 고국으로 돌아오고 있었다. 귀로 길에는 어느 사신인들 모두가 고향 땅을 빨리 도달하고 싶은 마음이 간절했을 것이다. 이안눌도 고려포에서 고향 땅에 돌아온 느낌을 받았다. 고려포는 고국의 옛 이름이 고려(고구려)라는 지명이 들어가 있었다. 이안눌은 여기에서 동족 의식을 느꼈다. 그는 고려포 사람들을 마치 고향 사람들을 만나는 것 마냥 깜짝 놀랐다. 또한 고려포 마을의 모습이 고향 마을의 모습과 똑같다는 점을 발견했다. 고려포나 고향의 마을에는 신춘이라 버들가지가 새파랗게 올라오고 있었다.

조선 사신들은 고려포의 마을 모습에 대해 정보를 남겨놓았다. 1780년(정조 4)에 박지원은 고려보의 가옥들이 모두 띠 이엉을 이은 초가이고, 모습이 쓸쓸하고 검소하다고 했다. 고려포가 소략한 원인에 대해 1790년(정조 14)에 동지사 일원으로 나갔던 백경현白景炫은 황제가 고려포의 발전을 싫어해서 부유하고 건장한 사람들을 영고탑寧古塔으로 옮기고 쇠잔한 사람들만 남겨두어 마을이 퇴락했다고 했다.[40] 그러다가 정조 말년이 되면 고려포가 어느 정도 회복되었던 것으로 보인다. 1799년(정조 23)에 서유문徐有聞이 고려포에 들어서니 인구가 조밀하고 '太平玉秋'를 쓴 戲子 집이 있다고 했다.[41]

고려포에는 한반도에서 볼 수 있는 무논 경작지가 있었다. 1720년(경종 1)에 이의현李宜顯은 동지사가 되어 연경을 다녀와서 『경자연행잡록庚子燕行雜錄』을 편찬한다. 하루는 고려보를 지나가면서 이곳에만 개간된 무논 수십 여 경頃이 있다고 했다. 그 이유는 땅이 몹시 기름지고 벼를 심기 알맞으며, 또 우리 한인들이 거주하기 때문이다.[42] 1778년(정조 2)에 정조

---

40) 白景炫 『燕行錄』 정조 14년 12월 8일조: "高麗舖生齒漸盛, 將有興旺之意, 皇帝聞而惡之, 發富豪壯丁徙之於寧古塔, 餘其殘民仍居於此, 自是之後, 村落凋落, 生意蕭條矣."(燕行錄選集補遺본, 册中, (66면).

41) 『戊午燕行錄』 권6 정조 23년 2월 12일조(燕行錄選集國譯本, 341면) 참조.

42) 『庚子燕行雜識』 권상(『陶谷集』 권29 「雜識」): "過高麗堡, 水田之開墾者, 可數十餘頃. 土甚膏沃, 宜於種稻者, 不特此地爲然, 而唯此堡爲我東人所居,

는 사행에서 돌아온 이재학李在學을 소견하는 자리에서 이번 사행에 관해 여러 사항을 물어보았다. 정조는 청나라 사정에 대해 많은 정보를 알았고, 또한 새로운 정보를 얻고 싶어 했다. 『승정원일기承政院日記』 정조 2년 4월 2일 중 고려포와 관련된 대목에서:

> 정조가 말하기를 "그쪽 지역에는 무논이 없다는데, 그렇던가?" 이재학 (李在學)이 아뢰기를 "오로지 고려포에만 무논이 있습니다. 고려포는 옛 고려인들이 병란을 피해 들어가 저절로 한 마을을 이루었고, 여전히 이름을 고려포라고 했습니다. 그래서 유독 무논이 있는데 우리나라의 모습과 같습니다."[43]

이재학은 정조에게 고려포의 마을 유래에 대해 언급했다. 고려포는 옛 고려 사람들이 병란을 피해 집단으로 들어와 정착한 마을이다. 여기의 고려가 어느 시대를 지칭하는 것인지 불분명하지만, 이들의 이주는 병란과 관련이 있다고 했다. 정조는 예전에 연행 사행 길에는 무논이 없다는 정보를 듣고서 이재학에게 그것이 사실인지를 물어보았다. 이재학은 고려포에만 무논이 있고, 그 모습이 조선과 같다는 사실을 언급했다. 당시 하북 북부와 요령 지역에는 쌀을 재배하는 기법이 발달되지 않아 무논이 없었다. 오로지 고려포촌에만 한반도와 같은 농사를 짓는 무논이 있었다. 1784년(정조 8)에 김익金熤의 기록에서도 책문 바깥부터 연경까지 무논이 없고, 오로지 고려포촌에만 무논이 있다고 했다.[44]

故獨爲水田."(韓國文集叢刊本, 책181, 487면).

43) 『承政院日記』 정조 2년 4월 2일조: "上曰: '彼地無水田云, 然否?' 在學曰: '惟 高麗舖有水田. 高麗舖者, 卽古之高麗人, 避兵入居, 自成一村, 仍名爲高麗 舖, 故獨有水田, 如我國樣矣.'"(國史編纂委員會 사이트본).

44) 『竹下集』 권4 「高麗村」: "可憐東俗今猶在, 白水耕田墓有碑." 자주: "自柵外 至燕城無水田無墳墓之制, 獨高麗村有水田種禾, 且或有竪石之墓."(韓國 文集叢刊本, 책240, 293면).

그렇다면 고려포에 소재한 무논 경작지의 규모는 어느 정도일까? 앞
서 언급했듯이 이의현은 고려보 무논의 규모가 수십 여 경頃이 된다고
했다. 1경頃은 100무畝이다. 수십 경이면 한 들판을 모두 차지할 정도로
매우 크다. 그러나 이의현의 말은 다소 과장되었거나 후대에 들어와서
경작지가 축소된 것으로 보인다. 1736년(영조 12)에 진하부사 정석오鄭錫五
은 영조를 소견하는 자리에서 고려포에는 10여 석을 생산할 무논이 있
으나, 마침 가뭄이 들어 농작물 피해를 입었으며 대미大米 소출량이 10여
석이라고 했다.[45] 한 마지기 당 대미 소출량이 대략 2.5가마에서 3가마
정도이다. 이것으로 보아 고려포의 무논 경작지는 대략 15마지기 정도이
다. 정조 4년(1780)에 노이점은 고려포의 무논이 대략 4~5두락 정도라고
했다. 이 또한 무논 경작지의 규모가 별로 크지 않음을 말해준다.[46] 고
려포 무논의 토지 모습은 매우 거칠고 조잡했다.[47] 최근까지 고려포에
서 무논 경작은 계속 이어져 왔다가, 1992년부터 주변 개발로 인하여 물
이 모자라 더 이상 벼를 심지 못했다고 전한다. 고려포 서쪽에는 자그만
언덕인 망마대望馬臺가 있는데, 망마대 앞 강냉이 밭이 옛 무논 경작지이
다. 지금도 이곳을 노도전老稻田(옛 벼밭)이라 부른다.[48]

1765년(영조 41)에 홍대용洪大容은 숙부 홍억洪檍의 자제군관으로 연경에
나섰다. 하루는 고려포를 지나면서 마을 풍속에 대해 언급하였다. 『담헌
서湛軒書』 외집 권8 「연기燕記」 중 「연로기략沿路記略」 고려보조에서:

고려보(高麗堡)는 풍윤현의 서쪽 20리에 있다. 마을 앞에 무논이 있는
데, 비록 매우 거칠고 조잡했으나, 역시 우리나라 방식과 같았다. (산해)

45) 『승정원일기』, 영조 12년 7월 25일 (정사)조 참조.
46) 盧以漸『隨槎錄』, 정조 4년 7월 28일조: "而第自柵至此, 無水田半畝, 此獨有
   四五斗落水田."(燕行錄全集本, 책41, 73~74면).
47) 『湛軒書』 외집 권8 「燕記」 중 「沿路記略」 고려보조(韓國文集叢刊本, 책248,
   277면) 참조.
48) 김호림(1997), 「고려인들이 숨결 서려있는 고려포」, 앞의 서지, 82~83면.

관 안팎에서는 볼 수 없다. 대추를 섞어 놓은 좁쌀떡이 있는데 역시 우리 나라 증병(蒸餅)과 같았다. 수십 년 전만 해도 보인(堡人)들이 우리 사행을 보면 극진히도 환영하여 주식을 대접하면서 스스로 고려의 자손이라고 말했다. 근자에 이르러 역졸들이 술과 고기를 강제로 빼앗아 먹고 기물을 속여서 편취하기도 하여 그 괴로움을 감내할 수 없었다. 드디어 막역하게 서로 접촉하지 않았다. 혹 고려의 자손이 있느냐고 물으면, 모두 성을 내며 고려의 조상은 있었지만 고려의 자손은 없다고 말했다.[49]

여기에서 고려포의 농경지와 떡이 우리나라 방식과 같았다고 했다. 농경지에는 무논이 있고, 대추가 들어간 찹쌀떡은 우리나라 증병蒸餅과 같았다. 고려포 촌민들은 스스로 고려의 자손이라고 밝히고 조선 사행을 대하는 태도가 남달랐다. 수십 년 전에는 고려포 촌민들은 조선 사행들을 같은 민족 출신이라고 여기고 극진하게 대접하였다. 그러다가 사행의 하인배들이 이러한 감정을 이용하여 자꾸 토색질이나 기물을 편취하여 끝내는 고려포 촌민들과의 상호 불신이라는 반목을 불러 일으켰다. 혹자가 고려의 자손이 있는가 물어보아도, 고려포 촌민들은 고려의 조상은 있어도 그의 자손은 없다고 비아냥거렸다.

이러한 내용은 얼마 후 연행에 나선 노이점과 박지원의 기록에서도 확인할 수 있다. 고려포의 무논, 초가지붕, 송병 등이 우리나라의 제도와 같았다. 고려포 사람들은 고국 이야기만 나오면 눈물을 흘린 이가 많았다. 아녀자도 내외하지 않고, 음식 대금을 받지 않으며 조선 사신들을 후대했다. 훗날 사행의 하인배들이 토색질과 도둑질로 인하여 말썽을 일으

---

49) 『湛軒書』 외집 권8 「燕記」 중 「沿路記略」 고려보조: "高麗堡, 在豊潤縣西 二十里. 村前有水田, 雖甚粗蕪, 猶是東國制作, 關內外所未有也. 有小米糕, 雜以棗肉, 亦如東國蒸餅. 數十年以前, 堡人見我使, 極其歡迎, 享以酒食, 自稱高麗子孫. 近因驛卒輩, 强討酒肉, 奸騙器物, 不堪其苦, 遂漠然不相接. 或問其有高麗子孫者, 則皆怒曰有高麗祖公, 無高麗子孫."(韓國文集叢刊本, 책248, 277면).

컸다. 이로 인하여 양측 사람들은 마치 원수를 만나는 듯 충돌과 욕설이
일어났다.50) 그러나 이러한 상호 불신 현상은 어디까지나 일부 하인배나
마을 사람들 사이에 일어난 사건에 불과하다. 다른 대다수의 사행 일원
은 고려포 사람들에게 동족 의식을 느끼고 호의 감정을 내비쳤다.

1791년(정조 15)에 김정중金正中은 종사관의 신분으로 연행 사행에 나섰
다. 『연행록燕行錄』(일명 『연행일기(燕行日記)』) 정조 15년 12월 19일조에서:

날이 밝자 출발하여 조가장(趙家莊), 장가장(張家莊)을 지나 환향하
(還鄕河)를 지나갔다. 어양교(漁陽橋)가 있었다. 노가장(蘆家莊)을 지나
고려포(高麗鋪)에 이르렀다. 세상에서 전하기를, 우리나라 사람이 피로
되어 이 땅에 와서 그대로 계속하여 살았으므로 '고려포'라 부른다고 한
다. 그 가운데에 무논이 있는데, 북쪽으로 온 이후로 처음 본다. 내가 지
나갈 때에 포사 胡人 사람들 수십 명이 황량병(黃粱餠)을 가지고 말 앞
을 둘러싸고서 일제히 소리 내어 병을 사라고 부른다. 병은 우리나라의
팥병 모양 같았다. 아아, 너희 조상들이 포로로 잡혀 이곳으로 들어온 환
란이 없었던들 너희의 관대(冠帶)도 내내 우리들 일행과 같았을 것이다.

---

50) 『熱河日記』「關內程史」: "(高麗堡)關東千餘里無水田, 而獨此地水種, 其餠
餌之物, 多本國風. 古時使价之來, 下隷所沽酒食, 或不收其値, 婦女亦不
回避, 語到故國, 多有流涕者. 駔卒輩因以爲利, 多白喫酒食, 或別討器服. 主
人以本國舊誼, 不甚防閑, 則乘間偸竊, 以此益厭我人. 每値使行則閉藏酒食,
不肯賣買, 懇要然後乃賣而必討厚價, 或先捧其價. 駔卒必百計欺詐, 以爲
雪憤, 互相乖激, 視若深讐, 過此時必齊聲大罵曰: 爾是高麗子孫, 爾之祖公
來了, 何不出拜? 堡人亦大罵. 我人反以此堡風俗爲極惡, 足爲寒心." (民族
文化推進會國譯本, 原文 594~595면).
    盧以漸 『隨槎錄』 정조 4년 7월 28일조: "而且以穀草盖屋, 其制如我國, 必
是我國人曾賣松餠, 而其制亦如我國松餠. 見我人亦必厚待, 其後驛隷輩討
食無厭, 且多叱辱, 故今則問其本, 諱之, 且或大怒曰: 我豈是爾國人云. 余
於馬上問街上人, 曰: 高麗人好在否? 其人問之而笑." (燕行錄全集本, 책41,
74면).

한번 잡혀온 뒤부터는 후손이 다 胡人의 말이요 胡人의 얼굴이니, 슬프
다. 그러나 한 마을을 이루어 옛 나라의 이름을 잃지 않았으니 기이하
다.51)

김정중 일행은 새벽에 출발하여 환향하를 건너 노가장蘆家莊을 지나
고려포高麗鋪에 이르렀다. 김정중은 고려포 마을에 들어서자 타 지역에
서 느낄 수 없던 감정에 휩싸였다. 마을 명칭에는 여전히 고려라는 글자
가 들어가 있고, 농경지도 우리나라처럼 쌀을 생산하는 무논을 가지고
있었다. 당시 무논은 압록강을 건넌 이래 볼 수 없던 풍경이었다. 고려
포 마을 사람들이 사행들의 말을 둘러싸고 황량병黃梁餠을 팔고 있었다.
황량병은 고려포의 옛 지명인 황량타謊糧坨에서 유래된 것으로 보인다.
황량병의 모양이 우리나라 팥병과 같았다. 훗날 이기헌이 고려보의 길
가에서 파는 고려병은 바로 이 황량병을 지칭하는 것으로 보인다.52)

그래서인지 김정중은 고려포 마을 사람들에게 애달픈 감회를 토로하
고 있다. 고려포 사람들의 조상은 원래 우리나라 사람이었는데 호인들
에게 포로로 잡혀 이 땅에 와서 살게 되었다. 만약 이들이 붙잡혀오지
않았더라면 우리나라 사람들과 같이 있었을 것이다. 그러나 이들이 사
용하는 언어는 호어를 하고, 차림새는 호나라 복장을 하고 있어 슬프기
짝이 없다. 다만 마을 명칭에 여전히 옛 고국 명칭을 사용하고 있어 기

51) 『燕行錄』(일명 『燕行日記』) 정조 15년 12월 19일조: "平明發行, 歷趙家庄·
張家庄, 渡還者河, 有漁陽橋, 歷魯家庄至高麗舖.(원문 還者河와 魯家庄은
각각 還鄉河와 蘆家莊의 오기 내지 별명임) 世傳我國人被虜至此地, 仍居
焉. 號曰高麗舖. 其中有水田, 北來後初見也. 余行過時, 舖胡數十人, 持黃梁
餠, 環擁馬前, 齊聲買餠, 餠如我東豆餠樣. 嗟夫, 使汝祖無流俘之患, 則冠帶
物未猶是我輩中人, 一自被拘之後, 後裔皆鳥言獸面, 可哀也. 然自作一村,
不失古國之名, 奇哉."(燕行錄全集本, 책75, 115면).
52) 李基憲 『燕行日記』 순조 1년(신유) 12월 21일조: "(高麗堡)路傍市上爭賣折
餠, 稱以高麗餠, 一行人皆買喫."(燕行錄全集本, 책65, 131면).

특하다고 하였다. 이와 같이 조선 사신들은 고려포 사람들을 대하는 감정이 자못 남달랐다. 조선 사신들은 고려포 사람들을 자국의 동포로 보았고, 고려포 사람들이 호인으로 바뀌고 호나라 풍속을 한 것에 대해 측은한 마음을 토로했다.

5. 맺음말

본 논문은 풍윤豐潤 고려포촌高麗鋪村의 명칭, 유래, 유물, 위치, 현황, 사신 소감 등 제반 사항을 종합적으로 분석하였다. 고려포촌은 오늘날 행정구역으로 하북 당산시唐山市 풍윤구豊潤區 풍윤진豊潤鎭에 소속된 행정촌이다. 고려포촌의 마을 유래에 대해 여러 설이 존재하나, 가장 유력한 설은 고구려 유민의 정착설이다. 고당 전쟁 때 당 태종은 많은 고구려인들을 붙잡아 유주幽州에 집결시켰다가 곧 여러 곳으로 집단 분산 수용시켰다. 유주와 그 주변 지역에는 고구려 유민들이 세웠던 고려촌들이 다소 있는데, 풍윤 고려포촌도 그중의 하나로 꼽힌다. 당태종이 고당 전쟁 때 고구려군의 염탐이나 역공을 저지하기 위해 만들었다는 황량타読糧坨 유적도 이러한 사실을 대변해주고 있다.

고려포촌은 조선 사행들이 한반도에서 요동, 하북을 거쳐 연경으로 들어가는 육로 사행노선의 길목에 소재하고 있다. 현존 문헌에 의하면 1539년(중종 34)에 권벌은 고려포를 지나면서 기록을 남긴 이후 많은 사행록에서 고려포 관련 기록들을 찾아볼 수 있다. 고려포에는 한반도와 동질성을 갖춘 요소가 많았다. 당시 한반도에서 볼 수 있는 무논이 있었고, 지붕, 떡, 병의 모습이 우리나라와 비슷했다. 지명에는 한민족 국가의 국호가 들어가 있다. 조선 사행들은 고려포에서 동족 의식을 각별하게 느꼈다. 때로는 자신의 고향으로 돌아온 것처럼 묘사하고 있고, 때로는 옛 한인의 이산 모습에 대해 깊은 감회에 젖곤 하였다. 고려포 사람의 조상들이 피랍되지 않았다면 우리와 같은 모습을 하고 있었는데, 그 후예들은 호나라 언어와 차림새를 하고 있는 점에 애석하게 느꼈다. 고려포 사람들도 예전에는 조선 사신들을 보면 동족 의식을 느끼고 눈물을 흘리고 음식 대금도 받지 않았다.

끝으로 본 논문을 작성하면서 느꼈던 사항을 기술해본다. 고려포촌은 옛 한인 유민과 후예들이 살았던 마을이다. 얼마 전까지만 하더라도 마을에는 이들이 남겼던 유적과 유물이 발굴되었다고 전해오고 있는데, 앞으로 관계 당국에서 여기에 대한 발굴 조사가 이루어지기를 바란다. 최근에 출토된 1551년(명 가정 30년)에 세워졌던 '고려포보高麗鋪堡'가 좋은 실례이다. 그리고 고려포촌은 일전에 고려포 역참과 관련된 소규모 전시관을 마련했다가 여러 사정으로 인하여 지금은 폐쇄되었다. 전시관이 다시 개관되기를 간절히 바란다. 그리고 한중의 뜻있는 인사들이 고려포촌의 마을 유래와 역사, 사행 노선과 역참, 그리고 한중 우호 교류 내용을 담은 기념비가 세워지기를 또한 간절히 바란다. [燁爀之樂室; 己丑白露]

명 가정 30년 고려포보 석비

참고문헌

1. 자료

1) 한국 자료

『朝鮮王朝實錄』, 『備邊司謄錄』, 『承政院日記』,

「義州中江戊戌春等開市時三道牛隻物貨發賣成冊」(奎17165),

『湛軒書』, 『陶谷集』(李宜顯), 『東岳先生集』(李安訥), 『戊午燕行錄』(徐有聞),

『史記』, 『星湖塞說』(李瀷), 『隨槎錄』(盧以漸), 『燕巖集』·『熱河日記』(朴趾源),

『燕記』(洪大容), 『燕行記事』(李坤), 『燕行錄』(金正中), 『燕行日記』(金昌業),

『燕行日記』(尹汲), 『燕行日記』(鄭存謙), 『五峯先生集』(李好閔),

『五洲衍文長箋散稿』(李圭景), 『臨淵齋先生文集』(裵三益), 『竹下集』(金熤),

『芝峯類說』(李睟光), 『冲齋先生文集』(權橃).

성균관대학교 大東文化硏究院 편(1962), 『燕行錄選集』.

성균관대학교 大東文化硏究院(2008), 『燕行錄選集補遺』.

2) 중국 자료

『明詩綜』(朱彝尊), 『皇淸職貢圖』,

『國家圖書館琉球資料』(北京圖書館出版社).

夏子陽·王士禎(1969), 『使琉球錄』, 臺灣: 學生書局.

上海 復旦大學 文史硏究院(2009) 『越南漢文燕行文獻集成』 총25책.

劉昫等(1975), 『舊唐書』, 北京: 中華書局.

唐執玉等監修, 田易等纂(1983), 『(雍正)畿輔通志』(『景印文淵閣本四庫全書本』
　　책504~506), 臺灣商務印書館, 臺北.

淸乾隆勅編(1983), 『(欽定)八旗通志』(『景印文淵閣本四庫全書本』 책664), 臺
　　北: 臺灣商務印書館.

牛昶煦等纂修(1968), 『(光緖)豊潤縣志』(『中國方志叢書』, 華北 第150號), 臺
　　北: 成文出版社.

豊潤縣志方志編纂委員會編(1993), 『(1993년)豊潤縣志』, 北京: 中國社會科學院.

仇錫延等纂修(1969), 『(民國)重修薊縣志』(『中國方志叢書』, 華北 第180號), 臺
　　北: 成文出版社.

薊縣志編修委員會編著(1991), 『(1991년)薊縣志』, 天津: 南開大學出版社·天津
　　社會科學院出版社.

唐山市政協文史資料委員會等編(1999), 『唐山歷史寫眞』, 北京: 中國文史出版社.

2. 연구논저목록

Lee, Chul-Sung(2002) "Reevaluation of the Chosun Dynasty's Trade Relationship
　　with the Ch'ing Dynasty", 『International Journal of Korean History』.

葛兆光(2005), 「從'朝天'到'燕行-17世紀中葉後東亞文化共同體的解體」 『中華
　　文史論叢』 總第81輯.

葛兆光(2008), 「明朝後無中國-再談17世紀以來中國·朝鮮·日本的相互認識」
　　『東亞文化交涉硏究』 別冊 第1號.

강순제·김은정(2008), 「문헌을 통해 본 조선시대 방한모 명칭에 관한 연구」
　　『복식』 58-7.

고승희(2003), 『조선후기 함경도 상업 연구』, 국학자료원.

김미경(2002), 「東華 李海應의 『薊山紀程』 연구」, 고려대학교대학원 석사학위
　　논문.

김아리(1999), 「『老稼齋燕行日記』 연구」, 서울대학교대학원 석사학위논문.

김지남(1998), 국역『통문관지』, 세종대왕기념사업회.

今村革丙, 『人蔘史』.

김혈조(2009), 「『熱河日記』를 통해서 본 연행 사신의 의식주 생활」『한문학보』 제20집, 우리한문학회.

_____ 역 (2009), 『열하일기』, 돌베개.

김동철(1995), 「17세기 일본과의 교역·교역품에 관한 연구−밀무역을 중심으로」 『국사관논총』 61.

김상보, 장철수(1998), 「조선통신사를 포함한 한일 관계에 있어서 음식문화의 교류」『한국식생활문화학회지』.

김영숙(1998), 『한국복식문화사전』, 미술문화 참조.

김영진(2003), 「李鈺 문학과 明淸 小品−신자료의 소개를 겸하여」『한국고전문학회』 23.

김혜경(2002), 『요재지이』 5, 민음사.

김호림(1997), 「고려인들이 숨결 서러있는 고려포」, 통일한국, 1997년 4월호, 평화문제연구소.

박현규(2009), 「북경 지역 韓民族 離散 지명과 유적」, 한민족학회 2009년도 춘계 세미나, 한민족학회, 한국학중앙연구원.

傅起鳳·傅騰龍(1989), 『中國雜技史』, 上海: 上海人民出版社.

夫馬進(2008), 『연행사와 통신사』, 신서원.

샌더 L. 길먼·저우 쉰 외 지음, 이수영 옮김(2006), 『담배라는 창으로 내다본 역사와 문화−흡연의 문화사』, 이마고.

소재영·조규익·장경남·최인황(1997), 『주해 을병연행록』, 태학사.

沼田次郎(1936), 「日淸貿易に於ける一問題−俵物の輸出について」, 上 下『歷史地理』 68−5.

쓰루미 요시유키, 이경덕 옮김(2004), 『해삼의 눈』 뿌리와 이파리.

안상복(2006), 『중국의 전통잡기』, 서울대학교 출판부.

연갑수(1999), 「19세기 중엽 조청간 교역품의 변화」『한국사론』 41·42.

오성(1992), 「조선후기 인삼무역의 전개와 蔘商의 활동」『세종사학』 1.

王得成(1995), 「中朝·中韓交往的重要驛站--高麗鋪」, 河北學刊, 82호.

王得成·李雙雲(1993), 「朝鮮人進京的重要驛站: 高麗鋪」『唐山宣傳』, 1993년 7기(총71기), 中共唐山市委宣傳部.

원정식(2005), 「명청시대 담배의 정치·사회경제사적 의의」『명청사연구』 24.

_____(2008), 「18세기 중국사회의 흡연문화 연구-담배의 사회문화적 영향과 흡연예속의 형성을 중심으로」『명청사연구』 29.

유승주(1977), 「17세기 사무역에 관한 일고찰-조·청·일간의 염초·유황무역을 중심으로」『홍대논총』 10.

_____·이철성(2002), 『조선후기 중국과의 무역사』, 경인문화사.

윤유숙(2008), 「17세기 조일간 일본제 무기류의 교역과 밀매」『사총』 67.

이민식(1996), 『여명기초 한미관계사 연구』 정훈출판사.

_____(1998), 「초기 미국의 대조선 교섭에 관한 일 연구-한국문화에 대한 인식문제를 중심으로」『문화사학』 8.

이사벨라 버드 비숍, 이인화 옮김(1994), 『한국과 그 이웃나라들』, 도서출판 살림.

이창숙(2002), 「萬籟를 울리는 입의 재주-口技」『문헌과해석』 21호.

_____(2003), 「1790년 가을, 열하, 원명원, 북경」『문헌과해석』 25호.

_____(2004), 「燕行錄 중 中國戲曲 관련 記事의 내용과 가치」『中國學報』 第50輯.

_____(2004), 「재주는 곰이 넘고」『문헌과해석』, 28호.

이철성(2000), 『조선후기 대청무역사 연구』, 국학자료원.

이헌창(2004), 「한국 전근대 무역의 유형과 그 변동에 관한 연구」『경제사학』 36.

임기중(2002), 『연행록연구』, 일지사.

임형택(2005), 「19세기말 20세기초 동아시아, 세계관적 전환과 지식인의 동아시아 인식」『대동문화연구』 제50집.

_____(2008), 「『事大考例』와 정약용의 對淸關係 인식」『다산학』 12호.

_____(2009), 「17~19세기 동아시아, 한·중·일간의 지식교류의 양상-'이성적 대화'의 열림을 주목해서」『대동문화연구』 제68집.

_____(2009), 『문명의식과 실학-한국지성사를 읽다』, 돌베개.

장경희(2006), 「조선·청간의 모자무역과 제작실태 연구」『사총』62.

정 민(2000), 『비슷한 것은 가짜다』, 태학사.

정성일(2000), 『조선후기 대일무역』, 신서원.

존 엠슬러/김명남 옮김(2010), 『세상을 바꾼 독약 한방울 Ⅰ』, 사이언스북스.

朱其鎧(1989), 『全本新注 聊齋志異』, 北京: 人民文學出版社.

최응천(2000), 「영·정조 시대의 금속공예」『강좌미술사』15, 불교미술사학회.

최홍순(1988), 「고려인삼이야기」『북한』12월호, 북한연구소.

추원교(2006), 「고대의 수은도금법과 보존」『한국디자인문화학회지』12-3.

칼스, 신복룡 역주(1999), 『조선 풍물지』, 집문당.

홍나영(2009), 「조선후기 복식과 임원경제지」『진단학보』108.

홍정실(1997), 「금속공예-백동연죽」『한국의 전통공예 기술』, 한국문화재보호
    재단.

황유복·전홍렬·김경식(1990), 「옛 고구려 사람들이 살았던 고려포(하북성 풍
    윤현)를 찾아서」『한민족』2집, 교문사.

찾아보기

필자소개(집필순)

임형택 ㅣ 성균관대학교 명예교수

이철성 ㅣ 건양대학교 교수

김혈조 ㅣ 영남대학교 한문교육과 교수

이창숙 ㅣ 서울대학교 중문과 교수

박현규 ㅣ 순천향대학교 중어중문과 교수

燕行의 문화사　　　　　　　　　　값 15,000원

초판 인쇄	2012년 11월 20일
초판 발행	2012년 11월 28일
엮 은 이	경기문화재단 실학박물관
	472-871 경기도 남양주시 조안면 다산로 747길 16
펴 낸 이	한정희
펴 낸 곳	경인문화사
편　　집	신학태 김지선 맹수지 문영주 송인선 안상준 조연경
주　　소	서울특별시 마포구 마포동 324-3
전　　화	02)718 - 4831~2
팩　　스	02)703 - 9711
홈페이지	http://www.kyunginp.co.kr ㅣ 한국학서적.kr
E-mail	kyunginp@chol.com
등록번호	제10-18호(1973. 11. 8)

ISBN : 978-89-499-0904-2 (93910)
ⓒ 2012, Kyung-in Publishing Co, Printed in Korea
※ 파본 및 훼손된 책은 교환해 드립니다.